Edmund Stern

Begegnungen in Böhmen

Das „setkání" - Projekt

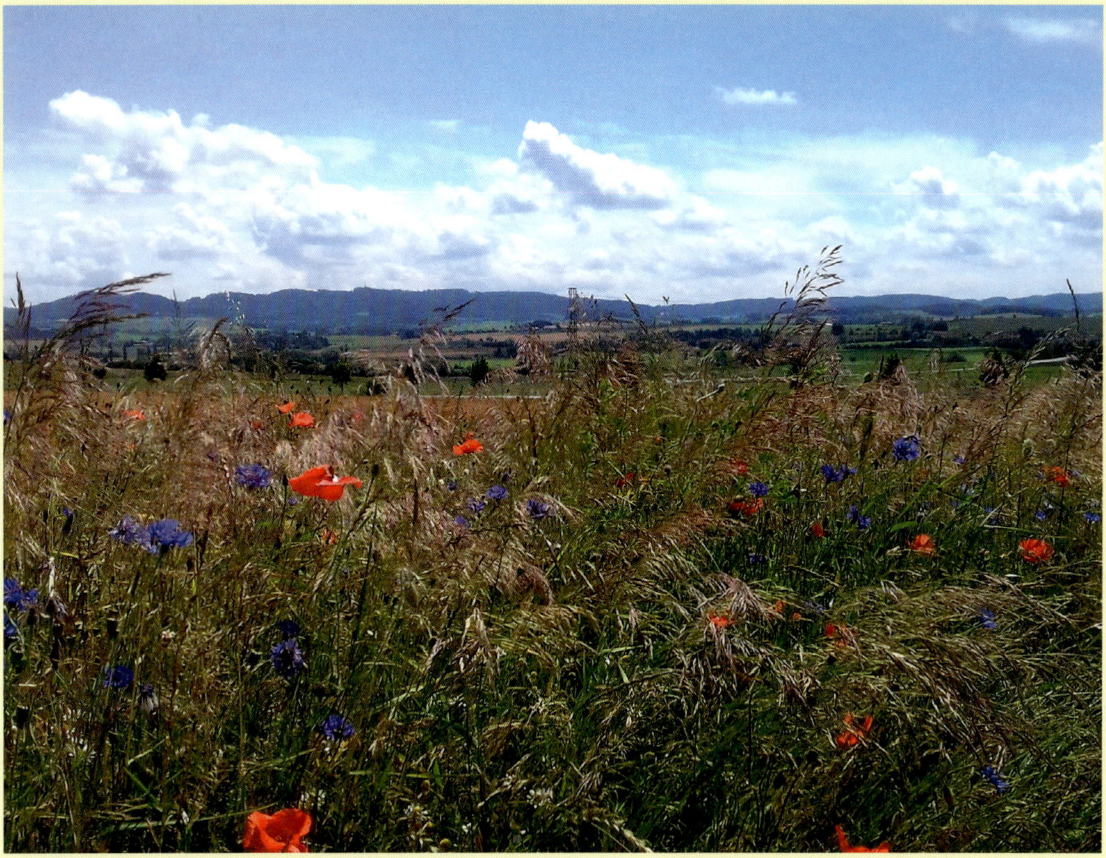

Kommen Sie mit ...

Edmund Stern und der Fotograf Herbert Pöhnl waren jahrelang in Tschechien unterwegs. Sie besuchten historische Plätze, trafen verschiedenste Menschen und erfuhren in zahlreichen Gesprächen viel über ihr Leben.

Das Projekt nannten sie „Setkání", auf Tschechisch „Treffen, Begegnung". Kommen Sie bitte mit auf eine Reise in das oft noch unbekannte Nachbarland.

Herausgegeben mit freundlicher Unterstützung des Deutsch-Tschechischen Zukunftsfonds.

Deutsch-Tschechischer Zukunftsfonds | Česko-německý fond budoucnosti

Impressum

Text

Edmund Stern

Fotos

Herbert Pöhnl, Edmund Stern

Zusammenstellung und grafische Gestaltung

Hans Schopf

Gesamtherstellung

Wittelsbacherstr. 2,

94481 Grafenau,

ISBN 978-3-95511-193-9

Die barocke Marienkirche e in Železná Ruda
Foto: Edmund Stern

Titelbild:
Mitten durch den Bahnhof in Bayerisch Eisenstein verläuft die deutsch-tschechische Grenze
(Foto: Edmund Stern)

Foto: Edmund Stern

Inhalt

Taus
Domažlice
Klattau
Klatovy
Planitz
Plánice
Neumark
Všeruby
Neu Gedein
Kdyně
Janowitz an der Angel
Janovice nad Úhlavou
Furth im
Wald
Neuern
Nýrsko
Drosau
Strážov
Rabi
Rabí
Cham
Schüttenhofen
Sušice
Hartmanitz
Hartmanice
Eisenstein
Železná Ruda
Bergreichenstein
Kašperské Hory
Unterreichenstein
Rejštejn
Bayern
Böhmerw
Winterbe
Vimperk
Regen
Kuschwarda
Strážný
Grafenau
Deggendorf
Ilz
Donau
Donau
Passau
Inn

Zeichenerklärung
ehemaliges deutschsprachiges Gebiet
Bezirkshauptstädte
Städte
Märkte
Fluss
Bezirksgrenzen
Landesgrenze
0 1 2 3 4 5 6 7 8 9 10 Kilometer
© Kartografie: Hans Schopf, Ohetaler-Verlag, 2023
Moldau
Vltava
Pisek
Písek
nitz
nice
hen
schbirken
ovo Březí
Netolitz
Netolice
Frauenberg an der Moldau
Hluboká nad Vltavou
inetz
ec
Lischau
Lišov
Prachatitz
Prachatice
Rudolfstadt
Rudolfov
Böhmisch Budweis
České Budějovice
Ledenitz
Ledenice
allern
olary
Forbes
Borovany
Kalsching
Chvalšiny
Weleschin
Velešín
Böhmisch Krumau
Český Krumlov
Schweinitz
Trhové Sviny
Gratzen
Nové Hrady
Oberplan
Horní Planá
Höritz
Hořice na Šumavě
Kaplitz
Kaplice
Deutsch Beneschau
Benešov nad Černou
Friedberg
Frymburk
Rosenberg
Rožmberk nad Vltavou
Moldau
Vltava
Hohenfurth
Vyšší Brod
berösterreich
Freistadt

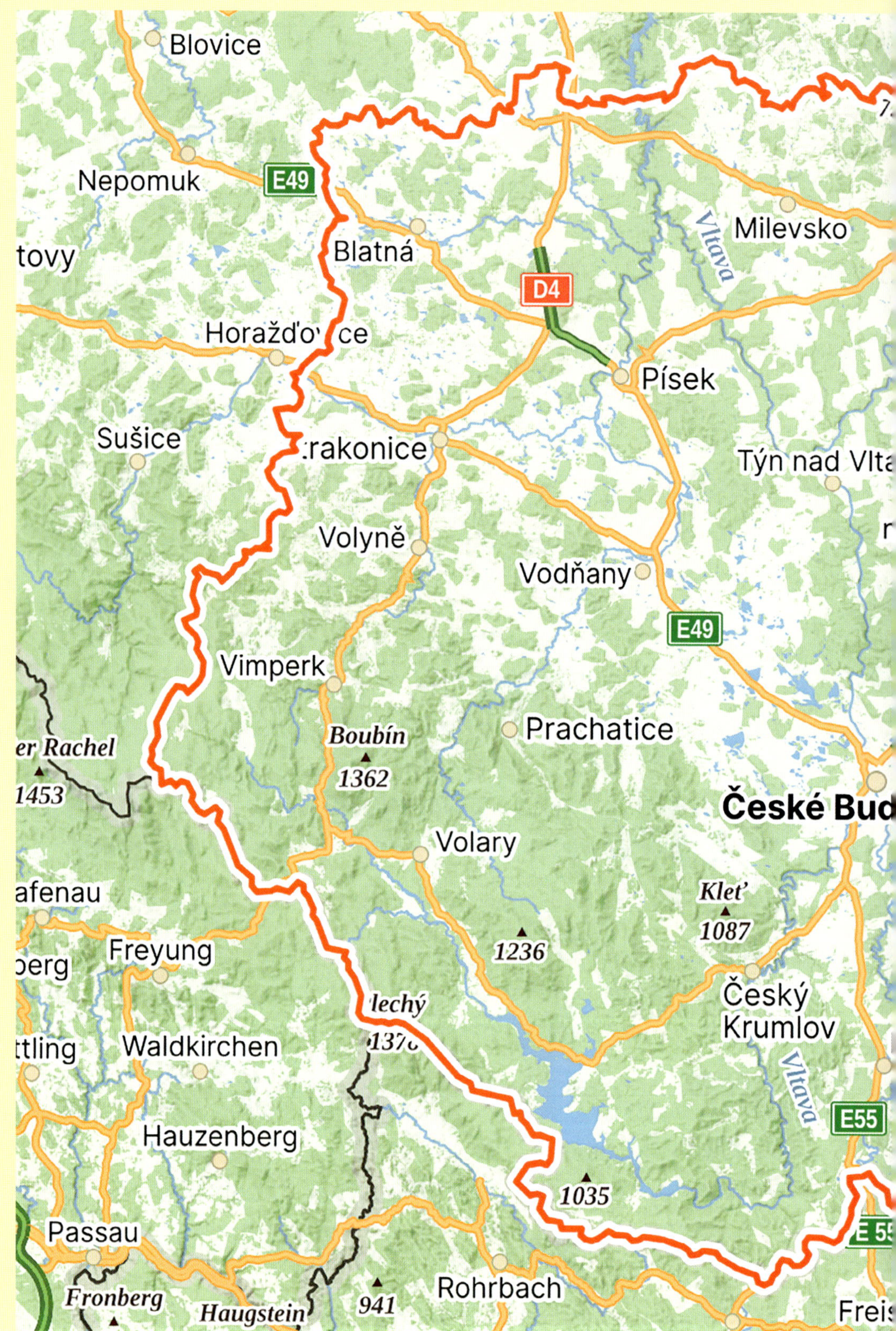
Blovice
Nepomuk
E49
Blatná
Milevsko
Vltava
D4
Písek
Sušice
Týn nad Vlt
Volyně
Vodňany
E49
Vimperk
Boubín
1362
Prachatice
1453
Volary
Kleť
1087
Freyung
1236
Český
Krumlov
Waldkirchen
Vltava
E55
Hauzenberg
1035
Passau
Fronberg
Haugstein
941
Rohrbach

Humpolec
Pelhřimov
Jihlava
D3
E55
Třešť
Soběslav
E551
Javořice
Telč
Jindřichův
Hradec
E59
Nová Bystřice
Třeboň
E49
Raabs an
der Thaya
Waidhofen
an der Thaya
Geras
E 49
Weitra
Horn
Zwettl
Groß Gerungs
Gars am Kamp
MAPY.CZ

Žihle
Manětín
Kralovice
Kožlany
Chodová Planá
Bezdružice
Planá
Plasy
Konstantinovy Lázně
Kaznějov
Tachov
Černošín
Všeruby
Horní Bříza
Hromnice
Radnice
Staré Sedliště
Třemošná
Břasy
Zbiroh
Stříbro
Zruč - Senec
Bor
Město Touškov
Chrást
Dýšina
Plzeň
Kladruby
Osek
Přimda
Heřmanova Huť
Tlučná
Volduchy
Mýto
Stráž
Holoubkov
Rokycany
Nýřany
Líně
Zbůch
Strašice
Starý Plzenec
Hrádek
Stod
Dobřany
Štěnovice
Šťáhlavy
Bělá nad Radbuzou
Mirošov
Chlumčany
Holýšov
Nezvěstice
Hostouň
Dnešice
Spálené Poříčí
Horšovský Týn
Staňkov
Merklín
Přeštice
Poběžovice
Blovice
Meclov
Blížejov
Postřekov
Koloveč
Klenčí pod Čerchovem
Švihov
Domažlice
Měčín
Žinkovy
Nepomuk
Mrákov
Kout na Šumavě
Neurazy
Kasejovice
Kdyně
Klatovy
Plánice
Janovice nad Úhlavou
Mochtín
Nýrsko
Strážov
Nalžovské Hory
Horažďovice
Kolinec
Velhartice
Hrádek
Sušice
Hartmanice
Železná Ruda
Kašperské Hory

Vorwort Karl-Heinz Eppinger

Wenn man mit Edmund im Böhmerwald unterwegs ist, vergisst man die lästige Grenze im Kopf sehr schnell. Er findet zu fast jedem Ort eine interessante Geschichte, es tauchen oft freundliche Menschen auf, die uns entgegen kommen und das Gefühl geben, wir sind willkommen. Man merkt, hier ist er ein Freund bei Freunden.

Als Schulmann hat er die Jahre nach der Wende mitgeprägt wie kaum ein zweiter. Seit 1990 hat er viele Schulkontakte und Partnerschaften begründet und mit Leben erfüllt. Er engagierte sich auch in der internationalen Lehrerfortbildung, gab Deutschunterricht in Tschechien und half mit und unterstützte etliche anspruchsvolle Schulprojekte.

Außerdem half und hilft er hauptsächlich tschechischen Glasmachern bei der Arbeitssuche, Behördengängen, Problemen und beim Spracherwerb.

Viele Initiativen zum Besuch des östlichen Nachbarn unterstützt er noch durch Führungen, Fahrten und Vorträge.

Dabei ist Edmund einer, der nicht so gerne im Licht der Öffentlichkeit steht. Das überlässt er lieber anderen.

Über seine zahlreichen Auszeichnungen und Würdigungen spricht er wenig.(z.B.: 2010 „Brückenbauerpreis“ des CeBB, von der Gemeinde Železna Ruda ist er als „außergewöhnliche Person“ geehrt worden, von den Rotariern bekam er den „Respect Award“)

Für den Deutsch-Tschechischen Zukunftsfond ist er zur Zeit im Programm „Ein Jahr an der Grenze“ aktiv.

Edmund ist eine Bereicherung für die Glasstadt Zwiesel und prägt seit Jahrzehnten unsere Partnerschaft zu unseren tschechischen Nachbarn. Für sein Engagement bedanken wir uns ganz herzlich und sind stolz, dass er ein Teil unserer Stadtfamilie ist.

Seine Unterstützung ermöglicht uns den Austausch und die Initiierung von gemeinsamen Projekten ohne dass Grenzen eine Rolle spielen. Wir sind froh in Europa dies so leben zu dürfen und freuen uns über jede Fördermöglichkeit des gemeinsamen Austausches und der Verwirklichung von Ideen. Wir stehen alle vor denselben Herausforderungen und können nur gemeinsam unsere Aufgaben bewältigen. Daher ist der Austausch zu unseren direkten Nachbarn in Tschechien umso bedeutender und zeigt uns allen neue Wege auf.

Wir freuen uns auf viele weitere Begegnungen, die uns durch Edmund ermöglicht werden und wir so die Partnerschaft mit unseren tschechischen Freunden leben dürfen.

Liebe Leserinnen und Leser, viel Spaß bei der Reise durch Böhmen!

Karl-Heinz Eppinger, Bürgermeister der Stadt Zwiesel

Bürgermeister Filip Smola, Kristina Tschöpp, Bürgermeister Karl-Heinz Eppinger (Foto: Edmund Stern)

Vlnr: Václav Volenec, Kristina Tschöpp Hauptamtsleiterin, Vladěna Tesařová, Bürgermeister Karl-Heinz Eppinger (Foto: Edmund Stern)

Česká
republika
PLZEŇSKÝ
KRAJ

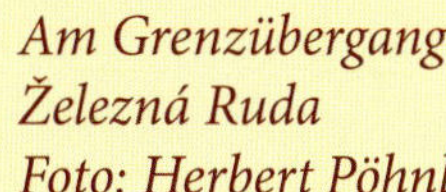
Am Grenzübergang Železná Ruda Foto: Herbert Pöhnl

KAPITEL 1

Bayerisch Eisenstein - Železná Ruda

Wir beide sind an und mit der Grenze aufgewachsen, der eine in Furth im Wald, der andere in Zwiesel. Schon als Kleinkinder wurde uns erklärt, dass drüben der Huss' und der Russ' sei, also das Böse. Mit der Inszenierung des Volksschauspiels vom „Drachenstich" setzte nur bei Herbert die erwartete Wirkung ein, nämlich sich für die Tschechen nicht weiter zu interessieren. Erst viele Jahre später, nach der Grenzöffnung 1990, entsteht sein Interesse am Nachbarn. Edmund, der andere, will immer schon die Leute jenseits des Grenzkammes kennen lernen. Mittlerweile spricht er auch Tschechisch. Die zahlreichen Flüchtlinge oder Heimatvertriebenen, mit denen er aufwuchs, waren meist sehr arbeitsam, etwas „feiner" oder einfach nur wegen des Dialekts für ihn interessanter. Über ihre verlorene Heimat sprachen sie voller Sehnsucht, über ihr Schicksal schwiegen sie, meistens verbittert.

Erst 2015 treffen wir uns für das gemeinsame Projekt ‚Setkání-Begegnungen'. Hier sollte durch Besuche, Gespräche und das Aufeinander Zugehen versucht werden, die Grenze in den Köpfen bei möglichst vielen Menschen diesseits und jenseits zu überwinden, bestehende Vorurteile abzubauen und das Interesse am jeweiligen Nachbarland zu wecken: "Lieber mit den Nachbarn sprechen, als über sie." Das haben wir uns vorgenommen. Aus den ursprünglich geplanten einigen Monaten der Zusammenarbeit wurden Jahre, bereichert mit sehr vielen guten Eindrücken, Fotos und vor allem Freundschaften. Um mehr von Land und Leuten zu erfahren nahmen wir diesen Begriff wörtlich und Herberts weißer Golf fuhr bei den Nachbarn im „näheren Osten" Zigtausende von Kilometern.

Wir kommen gerne zur Zwieseler Dampfbierbrauerei, nehmen ein paar Flaschen mit. Edmund erklärt seinem Projektpartner: „ Ein kleines Mitbringsel zeugt von Höflichkeit und Respekt. Mich besuchen häufig Bekannte aus Tschechien, die eine kleine Aufmerksamkeit dabei haben. Wobei der Wert überhaupt keine Rolle spielen darf."

„Aber Alkohol?"

„Bier ist ein Medium, es gehört hüben und drüben zum Alltag, zu unserer gemeinsamen Kultur, es wird geschätzt. Und es schmeckt nicht nur Männern".

Nur, so einfach ist die Fahrt zum tschechischen Nachbarn nicht immer. Die Grenze verwirrt, auch wenn sie abwesend ist, sie bleibt labyrinthisch, schon wegen der Baumaßnahmen für einen Verkehrskreisel mit für uns irreführenden Fahrbahnmarkierungen und dem entsprechenden Schilderwald. Erst die Bauarbeiter, die mit Spaß und Schadenfreude beobachten, wie wir orientierungslos die Richtung suchen, lotsen uns heraus. Das bayerische Bier wird dann dankend akzeptiert und nach einem Gespräch und einem freundschaftlichen Foto waren wir nicht mehr einfach die dummen Deutschen.

Das ehemalige Abfertigungsgebäude ist nicht weiter erwähnenswert, wäre aus dem Grenzgebäude nicht mittlerweile ein Duty Free Shop geworden, in dem statt todernster Grenzbewacher nun freundliche Verkäuferinnen regionale Produkte aus Kentucky, den Highlands und der Mosel verkaufen.

Im Laufe der Zeit nimmt zunehmend der Tschechienkenner und Dolmetscher Edmund dem neugierigen, dem sprachlosen Fotografen Herbert seine Ängste und Unsicherheiten.

Bürgermeister Michal Šneberger

Zuerst aber geht's vorbei an weiteren Irritationen, am Casino, an der Wechselstube, an Ständen mit den Gartenzwergen in unendlichen

Variationen, an den Märkten der Vietnamesen, an den Buden mit Heidelbeeren, Kirschen und Pilzen. Dann halten wir am Rathaus von Železná Ruda und besuchen Bürgermeister Michal Šneberger.

Freundlich werden wir empfangen. Wir erfahren, dass die Bevölkerung von Železná Ruda gar nicht europaskeptisch ist, die Grenzöffnung mehrheitlich positiv gesehen wird und der Tourismus im Ort und auch die Erwerbsmöglichkeiten im nahen Deutschland den Menschen eine Perspektive geben.

Ob der Nationalpark Šumava akzeptiert wird? will Herbert wissen. Michal fasst zusammen:

„Es gibt zwei unterschiedliche Ansichten: Menschen, die den Böhmerwald vor dem Nationalpark gekannt haben, etwa als Wirtschaftswald, deuten den jetzigen Zustand als Katastrophe. Die moderne Ansicht der Wildnis, also ohne forstwirtschaftliche Bewertung, sieht man trotzdem

Gutgelaunte Arbeiter bei der Pause (Foto: Herbert Pöhnl)

Rechts oben:
Metzgerei Michal Šneberger
(Foto: Herbert Pöhnl)

positiv, die Veränderung zum großen Ökosystem Wald wird mehrheitlich akzeptiert."

Das nächste Treffen wird in Michals Metzgerei stattfinden, wegen der Gemütlichkeit, der Ruhe und seiner guten Suppen.

„Děkujeme Michale!"

Längst ist das Zwieseler Sixpack der Dampfbierbrauerei mit dem tschechischen Bier der Eisensteiner Belvedere-Brauerei getauscht. Dann das Ritual: „Herbert, mach das Foto."

Šnebergr ist seit Jahren Bürgermeister, ob grenzüberschreitende Sport- oder Umweltprojekte, Michal hat immer unterstützt und gefördert, immer! Er ist äußerst zuverlässig, offen und hilfsbereit.

Herbert findet sogar das Auto unversehrt am Parkplatz.

„Hab´ ich etwa Vorurteile?" fragt er zögernd.

Wir erfahren in Bayern nicht wirklich viel über unsere Nachbarn in Tschechien. Unsere Lokalzeitung schreibt 30 Jahre nach der Grenzöffnung beim „Blick nach Böhmen" so, als wären die Nachbarn hauptsächlich Drogenhändler und Kriminelle. Eher wird aus Polizeiberichten zitiert. Das beiderseitige Interesse, besonders das kulturelle, steckt leider noch in den Kinderschuhen.

Rechts:
Bürgermeister Michal Šneberger

Das Buffet, ein kleines Restaurant mit Selbstbedienung in der Ortsmitte, bietet vier, fünf kulinarische Wahlmöglichkeiten. Wir stellen uns in die lange Reihe.

Es gibt heute svíčková, šťavnatý guláš, řízek a bramborový salát.

„Lendenbraten, den nehm ich, ist typisch für Tschechien, dann Saftgulasch, Schnitzel mit Kartoffelsalat", übersetzt Edmund.

„Ich nehm auch den Schwischgowa. Und ein Pivo non alko, in Tschechien wird die Null-Promille Regel streng überwacht."

Josef Pospíchal

Ein älterer Gentleman mit moderner schwarzer Brille und Einkaufstasche kommt uns entgegen.

Es ist Josef Pospíchal, ein alter Freund von Edmund und geschätzter Künstler.

Unten:
Die Märkten der Vietnamesen findet man in Grenznähe
(Foto: Herbert Pöhnl)

Wir dürfen ihn in seine Wohnung im zweiten Stock eines Plattenbaus begleiten, ziehen unsere Schuhe aus, diese tschechische Gewohnheit ist ein Muss. Dann sitzen wir in seinem kleinen Atelier, umgeben von Bildern, Skizzen und Cartoons.

Josef bittet mich in seiner bescheidenen Art ihn Herbert vor zu stellen:

Er wurde in Sušice geboren, sein Vater war ein bekannter Fotograf und Buchhändler. In seiner Schulzeit während der deutschen Besetzung, des sogenannten Protektorats, erinnert er sich noch an die Männer in

NEPOUŽÍVÁME
KUCHLER

Milka

Ledermänteln, die seine Lehrer verhafteten. Dann die coolen Jungs, die Amerikaner, sie blieben nur einen Sommer.

Sein Leben in der damaligen Tschechoslowakei schildert er ehrlich und offen.

Das Gespräch wird leise und doch pointiert geführt, das Nötigste übersetzt Edmund, gelegentlich wird gelächelt, oft der Kopf geschüttelt über die Ereignisse, die das Persönliche dominieren. Frau Pospíchal schenkt Tee nach und serviert Kolatschen.

Trotz seines künstlerischen Talents hat Pepik (Josef) Außenhandel studiert und ging zum Zoll.

„Wie hast Du die Zeit vor und während des Prager Frühlings verbracht?"

„Ich hatte das Glück, damals viele interessante Menschen kennen zu lernen. So bekam ich die Chance, für die Zeitung ‚Mlada Fronta' zu arbeiten. Es war 1967/68 eine hoffnungsvolle Zeit. Man spürte einen Hauch von Freiheit."

Es kam aber anders.

„Nach dem Einmarsch der Russen verlor ich nicht nur meine Arbeit, sondern auch viele meiner Freunde."

Für die Rückkehr in den Staatsdienst musste er unterschreiben, dass er dem Sozialismus treu sei und der Geheimdienst beaufsichtigte nun den Zoll und die Grenztruppen an der Grenze zum Klassenfeind. Damals hat er intensiv mit Zeichnen und Malen begonnen, hat für das damalige Satiremagazin „Dikobraz" (Stachelschwein) Karikaturen gezeichnet und einen 3. Preis in Havanna für seine Arbeiten erhalten.

„ Meine Frau und ich genossen die Schönheit des Böhmerwaldes sehr, auch wenn die schönsten Wanderungen erst nach 1990 möglich waren."

November 1989. Der „Tschechische Honza" darf in die weite Welt. Ein typischer Pospichal – Titel. Leider überlebte das Traditionsmagazin die Wende nicht lange.

„Vielen Dank, Josef, für Deine Geduld, danke an deine Gattin!"

„Danke auch! Euer Bier trinken wir sehr gerne!"

Der Künstler Josef Pospíchal mit Gattin (Foto: Herbert Pöhnl)

In den wilden Jahren, gleich nach der Grenzöffnung, sah Pospichal die Probleme und Gefahren, denen sein beschaulicher Wohnort ausgesetzt war und drückte dies in seiner Zeichnung aus.
Foto: Edmund Stern

Marie Antošová

Wir gehen zu Fuß zur Kirche, dem Wahrzeichen von Železná Ruda und folgen dem Weg nach links oben. Hier wohnt Maria Antosch oder Marie Antošová, denn sie besitzt seit der Wende zwei Staatsbürgerschaften.

Sie hat uns schon vom Fenster aus gesehen und ruft uns freundlich zu. Ihre Gänse im Garten schnattern laut und begrüßen so die Fremden. Maria arbeitete bis zur Wende im besten sozialistischen Hotel „Javor" des Ortes, das übersetzt „Ahorn" aber auch „Arber" heißt. Der Name „Železná Ruda" kann mit Roteisenerz übersetzt werden.

Für uns Touristen mit Visum und Pflichtumtausch war Maria vor 1989 ein fester Anlaufpunkt, da sie deutsch/bayrisch sprach und einen sehr guten Schwarzwechselkurs anbot.

„Wie sollen wir Dich ansprechen, Maria oder Marie?"

„Natürlich Maria, wie immer seit den letzten 40 Jahren."

„ Bist Du eine gebürtige Tschechin?"

„Ich wurde in Dorf Eisenstein, heute Špíčák, 1932 geboren. Also war ich tschechoslowakische Staatsbürgerin. Meine Mutter Adelheid stammte aus Bayerisch Eisenstein, also eine Deutsche und mein Vater war Tscheche. Aufgewachsen bin ich mit meiner Mutter und Großmutter, wir sprachen nur Deutsch miteinander."

Die alte Dame berichtet weiter, dass ihre Mutter in den Hotels und Pensionen als Köchin oder Zimmermädchen als Alleinerziehende sie und ihren Bruder ernährte.

„ Schon früh musste ich mithelfen, sei es in der Küche oder durch Pilze- und Beerensammeln.

Es war kein einfaches Leben."

„Aber hattet Ihr nicht dann während der NS-Zeit eher Vorteile gegenüber den Tschechen?"

„Du darfst nicht vergessen, dass mein Vater Tscheche war und meine ledige Mutter zwei Kinder von ihm hatte."

„Also ein Schicksal dazwischen!"

„Das ging soweit, dass plötzlich meine Mutter, während ich in der Schule war, abgeholt, nach München gebracht und zwangssterilisiert wurde. Ein drittes Kind von einem Tschechen hätte wahrscheinlich die arische Rasse ins Wanken gebracht."

„Dann habt Ihr bestimmt nach Kriegsende einen Ausgleich oder zumindest Hilfe bekommen!"

„Nach dem Krieg waren wir hier deutsche Schweine, so wurden wir von manchen, nicht allen, genannt."

„Ich musste eine Menge Tschechisch nachholen, hatte aber anständige Lehrkräfte. Als meine Mutter und ich zur Zwangsaussiedlung aufgerufen wurden, ließ ein tschechischer Beamter mich, meinen Bruder und meine Mutter hier bleiben."

Maria konnte die Schule abschließen und die ganze Familie bekam dann die tschechische Staatsbürgerschaft mit dem Vermerk – „deutsche Abstammung".

Sie galten nun als „unzuverlässig".

„Wann warst Du wieder „zuverlässig?"

„Erst nach der Samtenen Revolution 1989 bekam ich eine kleine Geldsumme und wurde rehabilitiert."

„Was geschah mit den Häusern der Vertriebenen nach 1945?"

Maria Antosch/
Marie Antošová
(Fotos: Herbert Pöhnl)

Fotos: Herbert Pöhnl

„Als einer der ersten kaufte Jiři Mucha, der Sohn des berühmten Künstlers Alfons Mucha, ein Haus. Ihm folgten einige weitere berühmte Personen wie der Violin-Virtuose Plocek mit seiner Frau und Rafael Kubelík. Eine kleine Künstlerkolonie im Böhmerwald entstand für kurze Zeit".

Anfang Februar 1990 feierte man, auch wenn etwas verspätet, den Fall des „Eisernen Vorhangs" in Böhmisch Eisenstein. Maria bewirtete uns, ihre treuen deutschen Freunde, in „ihrem" Hotel erstmals ohne Angst vor Geheimpolizisten und Spitzeln. Für den Tag der offenen Grenze reservierte Maria für ihre deutschen Freunde sogar einen ganzen Nebenraum. Wir wurden vorrangig bedient, was bei den „Offiziellen" fast Neid hervorrief. Schließlich wurden sie auch unsere Gäste und sogar der damalige Außenminister Dienstbier schaute vorbei.

„Du engagierst Dich im Rentenalter in der kleinen katholischen Gemeinde in Böhmisch Eisenstein, betreust und organisierst für Senioren und Behinderte Ausflüge und Zusammenkünfte. Auch hast Du für die Polizei oder das Gericht übersetzt. Dafür bist Du 2018 von Bürgermeister Michal Šnebergr als „außergewöhnliche Person" mit einem Preis bedacht worden."

„Ich bin eine Eingeborene im Böhmerwald, ich verbinde beide Welten jenseits der nahen Grenzen und in meinen Adern fließt zu gleichen Teilen tschechisches und deutsches Blut. So hat mich Frau Kopecka, die ein kleines Büchlein über mich verfasst hat, beschrieben."

Bürgermeister Filip Smola

Edmund wählt meistens, wenn etwas Interessantes in Böhmen ansteht, Herberts Festnetznummer, weil beide eigentlich mit dem Handy fremdeln, es nicht dauernd bei sich tragen oder irgendwo verlegt haben.

„Hallo Herbert, der neue Bürgermeister von Železná Ruda, Filip Smola, möchte uns sehen."

„Es waren ja Kommunalwahlen. Schade, dass Michal Šnebergr abgewählt wurde."

„Das hängt auch mit dem Wahlmodus zusammen. Zuerst werden der Stadt-, bzw. der Gemeinderat gewählt. Dieses Gremium bestimmt dann den Bürgermeister oder die Bürgermeisterin. Andere Länder, andere Sitten. Bei uns in Bayern ist das eine Direktwahl. Auch das Schulsystem in Tschechien schaut anders aus".

„Gibt es große Unterschiede?"

„Es ähnelt mehr dem skandinavischen und lehnt sich traditionell an das österreichische an. Das sind grob gesagt 9 Jahre gemeinsame Schulzeit, dann 4 Jahre Gymnasium oder eine berufsbezogene Reifeprüfung. Auch eine 3-jährige schulische Berufsausbildung ist möglich. Für die Lehrerausbildung bedeutet das entweder Primarstufe oder Sekundarstufe. Eine Abschlussprüfung genügt. Auch Kindergärtnerinnen werden mit

Bürgermeister Filip Smola (Foto: Herbert Pöhnl)

Frau Lehrerin angesprochen. Mittlerweile gibt es auch Privatschulen oder 6- oder 8-jährige Gymnasien. Das Reifezeugnis besitzen weit mehr als die Hälfte aller Tschechen und es heißt wie in Österreich „Matura".

„Mach bitte mit Filip den nächsten Mittwoch aus. Da Filip Deutsch spricht, bin ich nicht mehr sprachlos".

Filip begrüßt uns im neuen Infozentrum.

„Hallo Filip, wir gratulieren und wünschen Dir viel Glück für die neue Herausforderung.

„Vielen Dank und es freut mich sehr, dass Ihr bei mir vorbei kommt. Edmund kennt mich ja schon als Kind. Ihr seid jederzeit als Freunde willkommen."

„Was hast Du eigentlich die letzte Zeit gemacht?"

„Ich habe in Prag in verschiedenen Ministerien und Institutionen gearbeitet."

„Und da kommst du als junger Mann freiwillig in den Böhmerwald?"

„Das Großstadtleben hat mir auch gefallen. Aber ich bin Jäger und hänge an meinem Geburtsort und dem Böhmerwald."

„Darum die Trophäen und die schöne Tapete."

„Vor allem die guten Kontakte nach Bayern und die perfekte Zusammenarbeit über die Grenze haben mir die Entscheidung leicht gemacht."

„Was möchtest Du als Bürgermeister noch verbessern?"

„Hauptsächlich möchte ich die Wasserversorgung sichern. Du weißt, dass wir in Tschechien damit Probleme haben. "

Železná Ruda ist das Tourismuszentrum im Böhmerwald. Es werden und wurden in den letzten Jahren sehr viele Hotels, Pensionen und Eigentumswohnungen von diversen Investoren errichtet, sodass in der ganzen Gemeinde bis zu 50 000 Gästebetten zur Verfügung stehen. Diese überschäumende Baukonjunktur brachte die gesamte Infrastruktur für Wasser, Abwasser, Elektrizität, Müllabfuhr und Winterdienst stark in Bedrängnis. So ist es für normale Eisensteiner nicht mehr möglich, selber Wohneigentum zu erwerben."

Filip Smola sieht natürlich die vielen Wochenendbürger kritisch. Schon gibt es einen Baustopp auf der grünen Wiese, eine Zweitwohnungssteuer wird angedacht, aber als Lösung sind ihm bezahlbare Mietwohnungen und ein sozialer Wohnungsbau für Einheimische wichtig.

„Filip, dazu wünschen wir Dir ein gutes Team und viel Glück."

Jiři Mucha
(Foto: Edmund Stern)

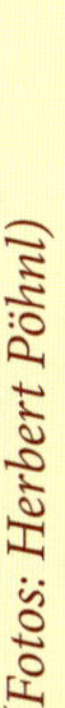
(Fotos: Herbert Pöhnl)

„ŠUMAVA NOSTALGICKÁ"

Josef Pospíchal „Nostalgischer Böhmerwald“ Repro Edmund Stern)

KAPITEL 2

Šumava 1.0

Der Böhmerwald war und ist in Tschechien eines der beliebtesten Erholungsgebiete. Die Übersetzung des Wortes Šumava bedeutet auf Deutsch die „Rauschende“. Eine Unzahl von Fotobänden mit hoch aufgelösten Bildern von Waldtieren, Pflanzen, Pilzen und Insekten, von Aussichtspunkten, Bächen und Flüssen, Mooren im Sommer, Winter, bei Nebel und Sturm sind in Buchläden und Souvenirshops erhältlich.

Josef Pospíchal, Maler und Karikaturist aus Železná Ruda formt „seinen nostalgischen Böhmerwald“ aus Menschen. Eigentlich bleibt vor lauter Romantik und Natur diese Spezies in der Betrachtung außen vor. Deshalb beschäftigen wir uns sehr gerne mit einigen dieser interessanten Exemplare, denen wir begegnet sind.

Die Fahrt führt auf der E 53 bei Gerlová Hut‘ nach rechts auf der Hochebene des Böhmerwaldes durch die damaligen riesigen

Forstflächen der Schwarzenbergs und dem ehemaligen kommunistischen Sperrgebiet, das erst 1992 zugänglich wurde.

Ertrunkene (Foto: Herbert Pöhnl)

Nova Hurka

Jiři Koptik

Jiři Koptik baute in Nova Hurka mit großem persönlichen Einsatz aus einem heruntergekommenen Kasernengebäude Appartements zu modernen Wohnungen aus.

Der Musiker und ehemalige Theaterchef aus Pilsen begrüßt uns auf Deutsch und bietet Ertrunkene an.

„Was?" fragt Herbert?

Pikant eingelegte Knackwürste in Essig und Öl, Knoblauch, Zwiebeln, Paprika und eigenen speziellen Zutaten werden so genannt. Typisch als kleines Essen zum Bier ist auch der „Hermelin". Aber nicht das marderartige Tierchen ist gemeint, sondern Käsestücke, die in Essig, Öl mit Knoblauch mariniert sind.

„Jirko, vielen Dank für die Brotzeit. Wir haben heute noch eine lange Strecke vor uns. Nächstes Mal sehen wir uns in Pilsen. Ahoj."

Prášily

Einige Kilometer weiter durch den Nationalpark Šumava. Wir besuchen die Familie Linhart in Prášily. Bis 1990 lag die Ortschaft unerreichbar im hermetisch unzugänglichen Sperrgebiet. Panzer schossen über die Häuser in ihr Zielgebiet in der Nähe. Die Bewohner, Holzarbeiterfamilien und Grenzsoldaten, mussten dann in ihren Häusern bleiben.

Heute ist Prášily ein Touristendorf im Nationalpark Šumava und wieder blüht der Fremdenverkehr wie vor dem Krieg. Es gibt wieder neue und restaurierte Häuser, ein Hotel, Gasthaus und Pensionen, alle modern und in einem Baustil, der zur Landschaft passt. Der Nationalpark Šumava reguliert das mit.

Lukas Linhart

Lukas Linhart (links) und seine Frau Bara leben mit ihren zwei Kindern seit Jahren im Dorf. Er betreut das große Naturschutzprojekt „Life for mires", die Renaturierung von ehemaligen Torfabbaugebieten zu wieder funktionierenden Mooren in der Nähe von Lenora.

Nach dem Abitur begann er, wie so viele, Wirtschaft zu studieren. Mit einem Lächeln bemerkt er, dass dieses Fach nicht zu ihm passte und er nicht zu seinen Mitstudenten.

Er hat sehr bald die Hochschule gewechselt und seinen Abschluss als Forstingenieur gemacht. Zusammen mit seiner Frau Bara arbeiteten sie auf Farmen in Island und in British Columbia.

Einem alten tschechischen männlichen Osterbrauch folgend, wird mit selbst gemachten Weidenruten auf die Beine von Mädchen und Frauen mehr oder weniger sanft geschlagen. Trotzdem werden dann von den „Opfern" Eier oder Süßigkeiten gegeben. Die Neusiedler von Hurka genießen diesen Tag, bleiben oft noch länger bei den Nachbarn sitzen. (Foto: Edmund Stern)

Rechts:
Jiri (links) mit seinen Musikern bei einer Setkání-Ausstellung (Bayerischer Landtag in München) (Foto: Herbert Pöhnl)

Lukas Linhart (links) und seine Frau Bara leben mit ihren zwei Kindern seit Jahren im Dorf. Er betreut das große Naturschutzprojekt „Life for mires", die Renaturierung von ehemaligen Torfabbaugebieten zu wieder funktionierenden Mooren in der Nähe von Lenora. (Fotos: Herbert Pöhnl)

... weiter gehts durch's ehemalige Militärgebiet nach Dobra Voda (Foto: Edmund Stern)

„Dir, Bara und den Kindern Jindřiška und Mikulaš alles Gute und vielen Dank für das Gespräch. Und hier noch unser bekanntes Sixpack."

Von Prášily geht es zurück nach Osten, vorbei am Gasthaus auf der Passhöhe bei Hartmanice, wo früher die Pferde der Säumer und Fuhrleute gewechselt wurden. Diese und die Glasmacher sind abgelöst von Touristen, Investoren, „Developern", Naturfreunden, Outdoor-Sportlern und Freiheitsuchenden auf allen möglichen Fortbewegungsmitteln, immer mehr klimaneutral und nachhaltig auf E-Bikes.

Geblieben sind die Geschichten von früher, der Mythos Böhmerwald, die Glashütten,, Waldbauern - und Holzhauerromantiken, die es so vielleicht eigentlich nie gab. Die Literatur von Adalbert Stifter und Karel Klostermann, die Bilder von Stehlík und Váchal, die Kirchen und Schlösser und die kleinen Dorfplätze, die prächtigen Villen der Glashüttenherren.

Dobrá Voda

In Dobrá Voda, einer kleinen verlassenen Siedlung im ehemaligen Grenzsperrgebiet, hat eine Prager Theologin und bildende Künstlerin mit ihrem Mann die einstige Schule gegenüber der Kirche gekauft, mühsam bewohnbar gemacht und ein Atelier mit Schmelzofen für Gussglastechnik eingerichtet.

Es entstanden und entstehen weiter imposante, schwergewichtige Figuren und Reliefs aus Gussglas mit religiösem Hintergrund. Weltbekannt wurde sie mit dem sogenannten Glasaltar, der die ehemalige vom Militär als Lager entfremdete Wallfahrtskirche schmückt.

Blick Richtung Schüttenhofen/ Sušice (Foto: Edmund Stern)

Guntherstatue in Maurenzen (Foto: Edmund Stern)

Vladimíra Tesařová

Mit Vladimíra Tesařová war telefonisch ein passender Termin vereinbart. Gerne beantwortet sie nun unsere Fragen:

„Ich werde immer gefragt, warum ich von Prag hier in ein bis 1991 tatsächlich bestehendes Niemandsland gezogen bin. Mich hat beim ersten Besuch sofort der Geist des alten Wallfahrtsortes verzaubert. Hier wollte und konnte ich kreativ sein. Die leere Kirche sollte wieder Ort der Besinnung und Haus Gottes werden. Nach und nach entstanden dann noch ein Kreuzweg und ein großes Krippenrelief, das man bei uns „betlem" nennt."

„Typisch ist die flaschengrüne Farbe des Gussglases."

„Diese Farbe habe ich gewählt wegen des grünstichigen historischen „Waldglases". Man konnte Jahrhunderte kein richtiges Kristallglas, wegen der färbenden Eisenoxide im lokalen weißen Quarz herstellen.

Hier hat vor tausend Jahren der Benediktiner-und Rodungsmönch Gunther in der Nähe gelebt und ist hier gestorben.

Gunther, der auf Tschechisch Vintiř heißt, im Kloster Břevnov in Prag begraben ist, Menschen und Völker verbunden hat, und aller Heiligen, ob böhmisch oder bayerisch, soll in der Kirche gedacht werden."

Vlaďena Tesařová und ihr „Gläserner Altar"in der Wallfahrtskirche Dobra Voda (Foto: Edmund Stern)

In Böhmen gibt es mehrere Orte mit dem Namen Dobrá Voda. In der Regel sind das Plätze mit historischen, von Legenden beschriebenen wundertätigen Quellen. Wir sitzen noch eine Weile draußen in ihrer Sommerküche und genießen den Blick hinunter ins Tal der Otava.

Unweit der kleinen Wallfahrtskirche steht das Museum, das sich dem Leben des hier geborenen Rabbiners Dr. Šimon Adler, dem Schicksal seiner Familie, der Kultur und dem Alltag der jüdischen Minderheit widmet.

Lukaš Milota und Helfer bei der Pflege des Friedhofs in Maurenzen (Foto: Edmund Stern)

Palvinov

Auf einer Forststraße erreichen wir den Weiler Palvinov. Hier stehen die Überreste eines ehemaligen landwirtschaftlichen Kombinats und eine Kapelle, nein schon eher eine Kirche. Sie ist komplett im Stil des Spätbarocks hier neu gebaut worden. Und das in einem atheistisch geprägten Land? Heute bekommt die Kirche ihre Glocke.

Wir staunen, wie viele Menschen hergekommen sind. Besonders eindrucksvoll, das „Vater unser" in tschechisch von weit über 500 Gläubigen zu hören. Warum überrascht? Wieder ein Klischee weniger.

Lukaš Milota

Rechte Seite: Lukaš Milota befestigt Plakate (Foto: Herbert Pöhnl)

Die Renovierung der Kirche in Maurenzen ist sehr gut gelungen. (Foto: Herbert Pöhnl)

Wo die Passstraße steil nach unten abzweigt, befestigt Lukaš Milota Plakate an der Bushaltestelle. Wir halten an und kommen ins Gespräch. „Ich bin Nachrichtenredakteur beim Tschechischen Rundfunk in Pilsen - kein wilder Plakatierer. Hier darf und möchte ich hauptsächlich die vielen Touristen, Radfahrer und Wanderer nach St. Maurenzen einladen."

„Die Kirche ist dem Hl. Moritz geweiht. Warum engagierst du dich ausgerechnet für diese Böhmerwaldkirche?"

„Ich bin unten in Annin aufgewachsen. Vor allem mit meinem Großvater ging ich oft zum verlassenen und teilweise verwüsteten Kirchlein hoch. Das Beinhaus war offen und einige Halbstarke spielten mit den Gebeinen. Erst nach der Wende konnte ein Freundeskreis aus ehemaligen Bewohnern und Tschechen gebildet werden. Dieses Denkmal und auch der Friedhof wurden durch viel Arbeit und Spenden wieder in einen würdigen Zustand versetzt. Bei der Renovierung entdeckte man gut erhaltene Fresken. Auch diese ziehen alljährlich Interessierte an. Meine Landsleute entdecken und besuchen wieder gerne diesen Ort unserer gemeinsamen Geschichte.

Wir veranstalten viele Konzerte, Lesungen und heilige Messen im Laufe des Jahres."

„Du sprichst gut Deutsch. Haben deine Eltern so mit dir geredet?"

(Fotos: Edmund Stern)

„Nur meine Großmutter, aber da ist bei mir nicht viel hängen geblieben. In der Schule in Sušice lernte ich dann die Sprache meiner Nachbarn."

„Für einen jungen Menschen ist es unüblich sich so zu engagieren."

„Ich sehe es als große Aufgabe, sich aktiv für eine gute Nachbarschaft einzusetzen. Schließlich bin ich ja ein Vierteldeutscher (und lacht)."

Hartmanice

Einige Kehren talabwärts begrüßt uns in Hartmanice die Nepomukstatue. Diesen Brückenheiligen besuchen wir irgendwann wieder in Prag auf der Karlsbrücke. Heute erfreut er uns mit den fünf leuchtend goldenen Sternen.

„Das war nicht immer so", bemerkt Herbert „Für Dich war es ein trauriger Anblick, weil ihm dieses Hauptattribut fehlte."

„Ja, entweder ist der Sternenreif herunter gerostet oder durch Vandalismus abhanden gekommen."

„Du hast die Maße genommen, ein befreundeten Spengler, Manfred Kramheller, hat die Sterne mit dem Drahtreif angefertigt."

„Sogar mit echtem Blattgold hat er sie belegt. An einem kalten Märztag bekam der Hartmanitzer Nepomuk wieder seine Sterne. Bürgermeister Pavel Valdman unterstützte diese Aktion gerne."

Die Bergsynagoge Hartmanitz

Hartmanice ist eines der vielen Dörfer im Böhmischen, die plötzlich da sind, für die abgebremst wird. Wenn die zwei, drei Kurven genommen sind, kann wieder Gas gegeben, eventuell noch kurz dazwischen ein Blick dem Dorfplatz gewidmet werden. Hartmanice hat eher keinen, nur einen großen Platz mit Bushaltestelle, Rathaus, Schule, zwei Läden und einem Restaurant. Und auf der einen Seite die imposante Villa der jüdischen Familie Bloch und 150 Meter gegenüber, die Synagoge.

Diese wurde nach 1938 zwar nicht von den deutschen Besatzern zerstört oder angezündet, nur als Lager benutzt und verwahrlost zurückgelassen. Nach dem Krieg von den Kommunisten ebenso nicht beachtet und nach der Wende stand eine traurige Ruine gegenüber der großen Dorfschule. Der Sohn des bekannten tschechischen Schriftstellers Ivan Klima kaufte das Gebäude, renovierte es sorgfältig nach alten Plänen und Fotos und ab 2006 erinnert die „Bergsynagoge Hartmanitz" an die ehemalige große jüdische Gemeinde im Böhmerwald. Die Bergsynagoge soll auch Begegnungsstätte sein. So erinnern Fotos von den verschwundenen Dörfern an die ehemaligen deutschsprachigen Bewohner.

Schweinsgrillfest in Hartmanice

Aber einmal im Jahr ist in Hartmanice der Teufel los. Da lässt man die Sau raus – pardon - da dreht sich alles um die Sau. Beim alljährlichen

Schweinsgrillfest in Hartmanice passt das Bier aus Bayern als Mitbringsel, zumal wir zum dritten Mal bei diesem so archaisch anmutendem Dorffest mit vielen hundert anderen Besuchern dabei sind und wir fast wie Ehrengäste begrüßt werden. Mit wenigen rot-weißen Bändern ist das Fest abgesichert und ohne lange Grußworte hat es irgendwann begonnen. Zentral sind, zwischen Bierzelt mit Blaskapelle, den verschiedenen Verkaufsständen mit Kartoffelpuffern, diversen Getränken, Kaffee, Gürtel, Handwerkskunst, Honig, der Blutsuppe Prdelačka und, na klar, Bier, ordentlich aufgereiht, ein gutes Dutzend rauchende selbstgebaute Grills, oft aus kreativ umfunktionierten Müllcontainern - sehr großen jedenfalls, um ein ganzes oder wenigstens ein halbes Schwein darin zu grillen. Seit Stunden drehen sich die Ferkel, ständig eingeölt und gewürzt, beobachtet von Bürgermeister Pavel Valdman. Er dirigiert alles mit Routine und Lockerheit und verteilt die Bewertungsbögen. Denn es wird ja das am besten zubereitete Schweinfleisch gekürt. Jeder Hungrige oder Neugierige kann sechs Mal pro Schwein je 50 Gramm Fleisch erstehen und bewerten. Dazu braucht es doch einiges an Bier.

Die Bergsynagoge Hartmanitz (Foto: Edmund Stern)

Der Fichtel-Cup

Ein traditioneller Höhepunkt dieses Festes ist auch das Mopedrennen um den „Fichtel-Cup". Wahrscheinlich wegen des Fichtel und Sachs Zweitaktmotors nennt man diese Gefährte „Fichtl". Bürgermeister Pavel Valdman startet gekonnt das lärmende und nicht geruchsarme Feld mit der Grillschweinflagge. Es werden drei Dorfrunden gefahren.

Bürgermeister Pavel Valdman startet gekonnt mit der Grillschweinflagge (Fotos: Herbert Pöhnl)

Beim Schweinsgrillfest
in Hartmanice
(Fotos: Edmund Stern)

JIHOČESKÉ
ARTMANICE

Die „Prdelačka" wird unter ständigem Rühren gekocht (Foto: Edmund Stern)

Die Spanferkel sind durch die Bank lecker zubereitet, duften köstlich und trotz Brot und Senf kommen wir nur in die dritte Runde.

Auf der Weiterfahrt zur Stadt Sušice überqueren wir den Fluss Otava.

Das moorbraune Gewässer aus dem Böhmerwald wird in Südböhmen in die Moldau münden und dann unter den Brücken von Prag durchfließen. An seinen Ufern tummeln sich im Sommer Camper, Kanu- und Kajakfahrer und die Fliegenfischer.

Dlouhá Ves- Langendorf

In einem langgestreckten Dörfchen machen wir kurz Halt, Dlouhá Ves/ Langendorf. Wie der Name schon sagt, handelt es sich um ein sogenanntes Straßendorf mit fast einem Kilometer Länge. Bei einem Feuerwehrfest wird hier eine in Tschechien begehrte Suppe ausgeschenkt. Sie heißt „Prdelačka" und wird wie bei uns in Bayern nach einer Hausschlachtung unter ständigem Rühren gekocht.

Die Übersetzung des Namens überlassen wir den Leserinnen und Lesern. Im Gespräch mit den Dorfbewohnern werden wir auf eine Besonderheit hingewiesen. Im Ort gibt es ein Kino, das in der totalitären Zeit sogar einen Preis errungen hat.

Wir finden das berühmte Filmtheater am Ortsausgang.

Wir erfahren leider nicht, wozu der Preis verliehen wurde. Die Größe kann es nicht sein.

Vielleicht für das kleinste sozialistische Kino?

Sušice

Eine kurze Strecke noch durch den Auwald am Fluss, dann holpern wir über Kopfsteinpflaster und es taucht das Ortsschild „Sušice" auf. Herbert will wissen, wen wir besuchen werden:

„In Schüttenhofen hast Du bestimmt wieder Freunde!", nimmt Herbert an.

„Wir besuchen interessante Menschen im Kaninchenstall."

„Das verstehe ich nicht ganz."

„Kaninchenställe heißen die Plattenbauten im Volksmund."

„Natürlich, ist aber ein typisch sarkastisch-humorvoller Name."

„Ich werde Dir Mila und Josef vorstellen."

Miloslav Čelakovský

„Mila, ist das ein weiblicher Vorname?"

„Nein, eine Abkürzung von Miloslav und vollständig heißt er Čelakovský."

Wir treffen Miloslav Čelakovský in seinem Atelier. Da wir uns vorher angekündigt haben und Edmund ihn schon lange kennt, hat er eigens etwas für uns aufgeschrieben:

Vor langer Zeit hat Zar Peter I. für Russland ein Fenster nach Europa geöffnet.

Für mich öffneten meine Freunde aus Kötzting und Zwiesel nicht nur ein Fenster, sondern alle Türen (Es geschah nach 1989). Damals haben die Einwohner Kötztings für mich eine Ausstellung in ihrer Stadt organisiert. Ich freute mich nicht nur über die herzliche Eröffnungsfeier sondern auch über das erste Honorar in D-Mark. Die lange verschlossenen Türen standen für mich nun weit offen.

In Kötzting haben wir uns eine Karte von Frankreich gekauft und meine Frau Slavka und ich beschlossen einstimmig:

Die erste Fahrt führt uns zu den Plätzen von Vincent van Gogh, Cezanne und Gauguin – in die Provence. Das war eine glückliche Wahl. Ich werde nicht über unsere zauberhaften Streifzüge mit dem Skizzenblock schreiben, das würde zu weit führen. Ich denke an die Treffen mit Leuten und hier besonders an einen alten Mann. Wir trafen ihn in einem kleinen provenzalischen Dorf. Vor seinem Haus stand ein Birnbaum mit

Auf der Weiterfahrt zur Stadt Sušice überqueren wir den Fluss Otava. Das moorbraune Gewässer aus dem Böhmerwald wird in Südböhmen in die Moldau münden und dann unter den Brücken von Prag fließen. An seinen Ufern tummeln sich im Sommer Camper, Kanu- und Kajakfahrer und die Fliegenfischer. (Fotos: Herbert Pöhnl)

Das Kino in Langendorf (Foto: Edmund Stern)

verlockenden Früchten. Wir fragten ihn, ob wir welche pflücken könnten. Er lächelte, erlaubte es uns, half sogar beim Pflücken und erzählte: „Ich war Soldat der Wehrmacht und beim Rückzug haute ich ab. Damals hatte ich ein französisches Mädchen sehr gern. Sie hat mich versteckt, wir haben geheiratet und sind bis heute zusammen."

Wir haben uns dann in seinem Garten bei einem Glas Wein verabschiedet.

Nach einem Jahr waren die Normandie und die Bretagne unser Ziel. Dorthin lockten uns das Meer, besonders die Häuser und Höfe aus Feldsteinen, Boote am Strand, Leuchttürme und roter Granit. Bald war das Skizzenbuch voll. Natürlich habe ich nicht nur nach der Landschaft geschaut, habe mich auch nach Frauen umgesehen. Ich muss zugeben, dass ich nicht eine einzige hübsche Frau gesehen habe.

Ich habe zu Slavka gesagt: "Wenn ich eine reizende Bretonin träfe, ich würde diese ansprechen!" (Meine Frau schwieg zustimmend).

Und es geschah. Vor irgendeiner Ruine stand wirklich eine hübsche junge Frau. Ich habe sie angesprochen. Ich sagte, sie sei die erste charmante Bretonin, die wir auf unserer Reise getroffen hätten.

Sie hat gelächelt und gefragt, woher ich käme. Ich antwortete: „Aus Tschechien, einem kleinen Städtchen im Böhmerwald, aus Schüttenhofen."

Lachend erwiderte sie: „Ich bin ihre Nachbarin aus Deutschland, aus Zwiesel."

Heute ist sie sicher eine Frau in den besten Jahren, aber ich glaube, dass sie immer noch so attraktiv, wie vor vielen Jahren damals in der Bretagne, sein wird. Wir haben mittlerweile viele Menschen getroffen, mit ihnen geredet, in gebrochenem Englisch, manchmal auf Russisch, aber diese zwei Begegnungen bleiben uns besonders in Erinnerung.

Zum Abschied erzählt er uns von seinem Großvater:

„Wisst ihr, dass ich lange der Meinung war, dass der Vater meiner Mutter nicht mehr lebt? Ich war ein kleiner Bub und es war Krieg. Die Gestapo

Miloslav Čelakovský in seinem Atelierc (Foto: Edmund Stern)

Miloslav Čelakovský
(Foto: Herbert Pöhnl)

war überall gefürchtet.. Deshalb wurde sehr wenig über Leute in den Konzentrationslagern gesprochen.

Mein Opa war verhaftet worden und die Angehörigen hörten nichts mehr von ihm. Nach Kriegsende, die Amerikaner in Sušice waren für uns Buben ganz andere Soldaten als die deutschen. Vor allem waren sie freundlich zu uns und ein Stück Schokolade oder ein Kaugummi war immer zu ergattern. Eines Tages stand ein alter hagerer Mann vor unserer Tür, und so bekam ich einen Opa. Über seine Zeit in Buchenwald erzählte er fast nichts. Ich benutzte später niemals das Schicksal meines Großvaters, um pauschal alle Deutschen zu hassen."

Obwohl Mila als auch sein Freund Josef mit ihren Familien in normierten Plattenbauwohnungen leben, besitzen beide, wie viele Tschechen auch, ein Landhaus, eine „chata"' Diese Häuser liegen abseits der Städte im Grünen und werden liebevoll gepflegt.

Miloslav Čelakovský
(Foto: Edmund Stern)

Josef Spěváček

Gleich gegenüber im 3. Stock wohnt Josef Spěváček mit seiner Frau. Wir fahren mit dem Aufzug. Ihre Wohnung entspricht der des Ehepaares Čelakovský. Da ihre erwachsenen Kinder längst eigene Familien haben, ist genug Platz.

Edmund begrüßt seinen alten Freund: „Soll ich Dich mit ‚Howdy Country Joe' ansprechen?"

„Natürlich“ und lacht dabei.

„Du hast eine tolle Sammlung von Schallplatten mit Country Musik.“

„Ja, diese Art von Musik verband und verbindet mich immer mit der Freiheit, die mir in der Vergangenheit fehlte.“

„Eigentlich waren diese Platten im Sozialismus nicht erhältlich.“

„Zum Glück lebte meine Schwester in Holland. So gelangte die Musik zu mir.“

„Ging das einfach?“

„Die staatliche Obrigkeit, ich habe das in Dokumenten der Staatssicherheit über mich gelesen, beobachtete jeden Besuch von ihr mit Argwohn.“

„Du wurdest sogar wegen Deiner Nichtablehnung westlicher Ansichten angeklagt und verurteilt.“

„Außerdem warf man mir negative Aktivitäten vor und dass ich nichts von den Ergebnissen sozialistischer Arbeit halte.“

„1968 warst Du noch Forstingenieur und Abteilungsleiter.“

„Blanka und ich wollten gerade heiraten als ich ‚meiner Funktion enthoben und körperlicher Arbeit zugeführt‘ wurde. Ich arbeitete bis zur Wende 1989 in einem Sägewerk“.

„Welche Auswirkungen hatte das auf Eure Heiratspläne?“

„Meine zukünftige Frau sagte nur: ‚Jetzt heiraten wir erst recht!‘“

(Repro Edmund Stern)

Aus der Anklageschrift:

‚Die Funktion des Leiters PaM[1] setzt voraus und erfordert die tägliche politische Arbeit mit den Untergebenen und Arbeitern des Betriebes mit der Notwendigkeit die richtigen politischen Positionen bei der Umsetzung der Arbeits- und Lohnpolitik einzunehmen, im Sinne der politischen Partei und der politisch-wirtschaftlichen Richtung. Genau in diesem Bereich wurden die schwerwiegendsten Mängel offensichtlich und es besteht keine Aussicht, dass er diese politischen Aufgaben erfüllen könnte. Seit dem Frühjahr 1968 vertritt er einen offenen misstrauischen Standpunkt bezüglich der KSČ (Kommunistischen Tschechoslowakischen Partei), was seine Beteiligung an der Gründung der Organisation KAN[2] in Sušice und seine höchst negativen Aktivitäten im August 1968 zeigen. Das äußerte sich in seiner unkritischen Bewunderung westlicher Ansichten und umgekehrt lehnte er die Ergebnisse der Arbeit der sozialistischen Organe und des sozialistischen Lagers ab. Seine Bekundungen gingen so weit, dass er sich weigerte die rote Standarte „Betrieb des sozialistischen Wettbewerbs“ zu führen, weil darauf das Symbol des fünfzackigen Sterns sei. Mit dieser Abkehr vom

1 *PaM = Personal und Lohnabteilung.

2 Klub engagierte Parteiloser (entstand 1968, wurde sofort verboten).

Arbeitskollektiv, wodurch er öffentlich die Arbeitsergebnisse der sozialistischen Gemeinschaft herabsetzte, störte er das sozialistische Zusammenleben der Arbeit und des Arbeitskollektivs.‘

„Lieber Josef, wir beide lernten uns schon 1990 kennen, da warst Du bereits rehabilitiert und geschäftsleitender Beamter bei der Stadtverwaltung.“

„Und du, Edmund warst einer der ersten, der in Sušice Kontakte mit verschiedenen Schulen knüpfte und ins Rathaus eingeladen wurde.“

„Über die Musik, die wir beide lieben, habe ich durch Dich dann viele Leute kennen gelernt, wie den legendären Sänger Michal Tučny, Zdeněk Rityř, Valdemar Matouška – der in der Tschechoslowakei fast so berühmt wie Karel Gott war und dann nach Amerika ging, Honza Vyčital und auch bekannte Regisseure und Schauspieler.“

Fotos: Herbert Pöhnl

Josef Spěváček

„Auch konnte ich Dir Hoštice na Šumavou zeigen, ein Drehort von ‚Slunce, seno‘ (tschechischer Kultfilm) und später dann das Grab von Michal Tučny mit dem Granit Stetson-Hut darauf.“

„Nach Deinem Ruhestand hast Du einen Verlag gegründet.“

„JSP Country, den Verlag habe ich meinem Schwiegersohn übergeben.“

„Jetzt schreibst Du eine umfangreiche Chronik über Milčice/Miltschitz, wo Du ein Wochenendhaus besitzt. Durch die Einbindung der ehemaligen deutschsprachigen Bewohner sind schöne Freundschaften entstanden.“

„Es freut mich auch, dass in der Öffentlichkeit die Befreiung von Sušice im Mai 1945 durch die Amerikaner gefeiert werden kann. Bis 1990 durfte das nur der Roten Armee zugeschrieben werden.“

Als wir Josef besuchten, war er schon todkrank.

Todesanzeigen werden in Tschechien mit „Parte“ bezeichnet. Sterbebilder wie bei uns sind nicht üblich.

„Mit Kummer im Herzen teilen wir allen Freunden und Bekannten mit, dass sich am 10. Juni 2019 unser „letzter Cowboy“ Herr Josef Spěváček auf einen langen Weg machte, von dem es keine Wiederkehr gibt.“

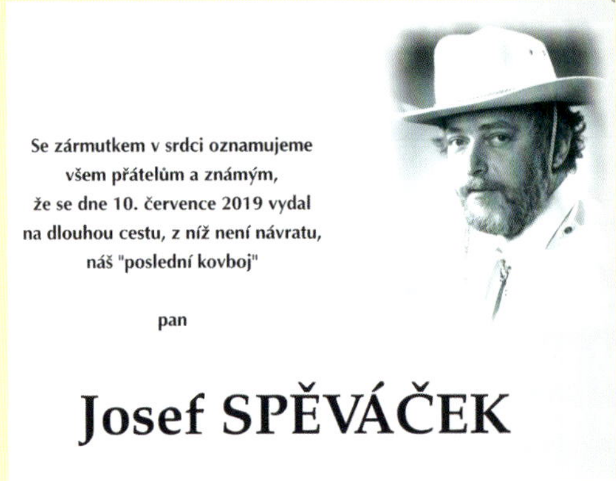
Se zármutkem v srdci oznamujeme
všem přátelům a známým,
že se dne 10. července 2019 vydal
na dlouhou cestu, z níž není návratu,
náš "poslední kovboj"

pan

Josef SPĚVÁČEK

(Repro Edmund Stern)

Die Masaryk Statue

Bevor wir uns aus Sušice verabschieden, schauen wir noch bei der legendären Masaryk Statue vorbei. Warum legendär?

Aufgestellt in der Zeit der ersten tschechischen Republik, ab 1939 wurden diese Denkmäler von den deutschen Besatzern entfernt, der Schüttenhofener Masaryk wurde zum Klostermann erklärt und blieb. Aber nach 1945 fiel der Böhmerwalddichter in Ungnade und die Statue überlebte ein zweites Mal, weil findige Patrioten dieses Denkmal einem kommunistischen Minister zusprachen. Bürgermeister Petr Mottl ist gerne bereit, uns diese Geschichte am nun wieder mit Inschrift versehenen Sockel zu bestätigen.

Masaryk -Statue in Susice
(Foto: Edmund Stern)

Rabí

Wir fahren der Otava folgend zur größten Burgruine Tschechiens - Rabí. Hier verlor der Hussitenfeldherr Jan Žižka bei der Belagerung sein zweites Auge.

Jan Kavale und die Tramp-Bewegung

Unten am Fluss in Žichovice hat Jan Kavale mit seinen Freunden eine „osada" (Ansiedlung) nach Western-Art gebaut. Das Lagerfeuer brennt schon und unser Kasten Zwieseler Bier wird freudig begrüßt.

Edmund erklärt das für den tschechischen Gaumen eher milde mitgebrachte Bier und schon ist er im Gespräch mit Honza:

„Du bist ein bekannter Naturfotograf und Buchautor, aber auch bekennender Tramp."

„Ja, Tramp mag für deutsche Ohren vielleicht eher negativ belegt sein, in Tschechien haben Tramps einen eigenen Stellenwert."

„Wir kennen den Begriff aus dem Amerikanischen für Landstreicher oder Herumstreuner."

Jan Kavale in seiner Stammkneipe (Foto: Edmund Stern)

„Für die ersten tschechischen Tramps waren die Bücher von Jack London, Karl May und Zane Gray sehr inspirierend."

„Wann begann diese Bewegung?"

„Hauptsächlich nach dem 1. Weltkrieg."

„In Deutschland waren um diese Zeit die „Wandervögel" und andere Jugendgruppen aktiv."

„Wandern, Zelten in der freien Natur, raus aus den Städten, der Traum von Freiheit, das war auch das Hauptziel bei uns."

„Kommt vielleicht aus dieser Zeit der tschechische Gruß „ahoj"?"

„Ich glaube schon, da der Wassersport noch bis heute bei uns sehr beliebt ist und schon damals Seeleute Vorbilder waren."

Als Kind machte er viele Wanderungen mit seinem Vater, so entstand seine Liebe zur Natur. Auch seine erste Kamera stammte von seinem Papa und diese Leidenschaften bestimmen bis heute sein Leben. Übernachtungen mit Kameraden im rauen Böhmerwald mit einfachster Ausrüstung gehörten nach und nach zu seinem Leben. Das Spielen auf der Gitarre lernte er mit seinen Freunden schon sehr früh. Original amerikanische Country Musik war überhaupt nicht erhältlich. Nur Pepa Spěváček bekam über seine Schwester in Holland die begehrten

Bürgermeister Miroslav Kraucher posiert gern für uns in seiner Burg (Fotos: Herbert Pöhnl)

Schallplatten. Bei seinen „Discos“ vergaß er aber nie, die Freunde von der Staatssicherheit zu begrüßen.

„Am Lagerfeuer erklingen natürlich auch jetzt noch die Lieder, die schon fast 100 Jahre lang weitergegeben wurden.“

„Für mich sind das aber auch Lieder aus der Country-und Western-Szene mit tschechischem Text, auch adaptierte Melodien aus der Folk Music.“

„Natürlich lieben wir wie Ihr - die Balladen von Johnny Cash, Willie Nelson, Bob Dylan oder Kris Kristofferson. Aber wir lernten in der Schule Russisch und nicht Englisch.“

„Wie ging es den Tramps in der kommunistischen Zeit?“

„Die Tramp-Bewegung basiert auf Sport, Freundschaft, natürlichem Humanismus und Liebe zur Natur. Das forderte natürlich die Überwachung durch den Staat heraus. Wir haben nie den Traum von Freiheit aufgegeben, auch wenn der Weg nach Westen weit war. Das war übrigens der Titel eines der Lieder, das von der Obrigkeit gar nicht gern gehört wurde und deshalb erst recht gesungen wurde.“

Jan Kavale und Kamerad am Lagerfeuer (Foto: Herbert Pöhnl)

„Ihr tragt bei Konzerten und Treffen sehr oft amerikanische Uniformteile.“

„Auch das war und ist der Ausdruck dafür, dass wir mit der Vereinnahmung unserer Heimat durch die Russen nie einverstanden waren.“

„Wie sieht es mit dem Nachwuchs aus?“

„Natürlich kommen wir uns oft vor wie aussterbende Dinosaurier, doch immer mehr junge Menschen erkennen wieder den Wert der Natur. Wir Tschechen lieben es einfach, in unserem schönen Land unterwegs zu sein, auch mit Kanu, Fahrrad oder Schiern.“

Kašperské Hory

Auf verlassenen Nebenstraßen machen wir uns auf den Weg nach Kašperské Hory.

Über der alten von unzähligen Stollen durchlöcherten Bergbau-Stadt thront die Karlsburg, die auf Tschechisch zu „Kašperk“ wurde.

Karlsburg
(Foto: Edmund Stern)

Emil Kintzl

Hier wohnt ein Böhmerwald Urgestein - Emil Kintzl, eher **das** Urgestein. Da Emil in seinem Leben keinen leichten Weg ging, er blieb immer geradlinig und aufrecht, bat ich ihn einmal, mir das zu notieren. So entstand sein Lebenslauf ‚Der Stern und ich':

‚Hvězda' und ich

Hvězda-auf Deutsch ‚der Stern'- und wenn dazu noch der Vorname Edmund kommt, dann handelt es sich um den Stern, der von Rabenstein auf Zwiesel herunter strahlt. Ich habe diesen Stern bald nach der Grenzöffnung 1990 kennen gelernt und wie man bei uns sagt, fielen wir uns gleich gegenseitig auf (stachen wir uns ins Auge). Er lernte Tschechisch, führte Tschechischunterricht an seiner Schule ein und widmete sich voll und ganz der Wiederherstellung guter Beziehungen zwischen den Menschen auf beiden Seiten der tschechisch–bayerischen Grenze. Wir haben uns auch bei verschiedenen Projekten mit seinem Kollegen, dem Fotografen Herbert Pöhnl getroffen, auch in der Zwieseler Brauerei, wo er wie zuhause ist. Er besuchte auch öfter die Dreharbeiten zu der Serie ‚Polizei Modrava' und selbstverständlich gefielen ihm unsere Schauspielerinnen sehr. Wegen seiner positiven Ausstrahlung fand er immer Freunde, zu denen ich auch gehöre. Und dann fragte er mich einmal, ich weiß nicht warum, ob ich nicht etwas über mein abenteuerliches Leben schreiben könnte. Und weil ich ihn mag, komme ich seiner Bitte gerne nach. So hvězdo (das ist der Vokativ) – Stern, hör zu!

Ich kam vor 85 Jahren in Prag zur Welt, noch zur Zeit des Präsidenten T.G. Masaryk.

Als kleiner Sokol Sportler turnte ich am 10. nationalen Sokolfest 1938, aber daran erinnere ich mich nicht mehr richtig. Dann sind wir zur Geburtsstadt meiner Mutter, Sušice, umgezogen und dort habe ich mit meinem Onkel am 15.03.1939 traurig dem Einmarsch der Wehrmacht zugeschaut. Den Krieg haben wir mit den üblichen Sorgen von Heranwachsenden überlebt und als am 6. Mai 1945 Pattons US Armee ankam, waren es nicht nur für mich unvergesslich schöne Zeiten mit den amerikanischen Soldaten. Ich begann mit dem Besuch des Gymnasiums in Klatovy schon 1944, aber es gab Tiefflieger und Bombardierungen und wenig Unterricht. Ich erinnere mich, dass bei der Aufnahmeprüfung deutsche Offiziere dabei waren, die kontrollierten, ob wir ‚nordischen Types' seien. Ich, ein Blondschopf mit blauen Augen habe bestanden, aber einige hatten Pech.

Nach Kriegsende verließen die deutschen Soldaten die Schüttenhofener Schule und wir „Kriegsschüler" kamen. Ich ging zu den Pfadfindern, bei denen ich immer noch bin, obwohl die Kommunisten diese Vereinigung schon zweimal aufgelöst hatten. Mein Vater starb bald, meine Mutter bekam eine kleine Rente und so musste ich auch in den Ferien arbeiten.

Zum Beispiel bei SOLO der Zündholzfabrik, im Wald, im Kohlelager und zum Hopfenzupfen, von der Schule aus. Wir haben hierbei sogar einmal den nationalen Wettbewerb gewonnen. Dann Abitur 1952, während des größten bolschewistischen Terrors, keine schöne Zeit! Das Abitur habe ich bestanden, vielleicht war ich nicht dumm, aber studieren ließen sie mich nicht. Ich war ein Rebell, mit dem roten Regime war ich nicht einverstanden, zudem war ich ein Pfadfinder und so landete ich wieder bei der Kohle. Ich war schwarz, aber wenigstens habe ich genug Geld verdient. Eine Wende geschah, als mich mein geliebter Professor traf und mich sehr lange zu überzeugen versuchte: Ich sollte die Stelle des Sportlehrers in Hartmanice annehmen. Er hat mich endlich überredet und ich habe erst dort mit Entsetzen bemerkt, dass ich auch Tschechisch, Mathematik, Biologie, Erdkunde unterrichten sollte … so wie es eben an den Landschulen üblich war. Auf meinen Protest, dass ich überhaupt nicht unterrichten könne, habe ich den guten Rat bekommen:

„Geh einfach zur Schule, dann siehst Du schon, wie man das macht. Und jetzt rein in die Klasse, dort hast Du jetzt Tschechisch und die Mädchen werden Dir schon sagen, was zu lernen ist."

Nach erfolglosen Protesten gingen sie, um mich der Klasse vorzustellen, gaben mir den Vortritt an der Tür, und das Einzige was sie zu meiner

Rettung taten war, dass sie die Türe hinter sich schlossen und dann zu lachen begannen. Als ich meine ersten Schüler sah und immer noch das Lachen hörte, sagte ich mir, das hier wird lauter Spaß und so wurde ich noch mit 19 Jahren, gegen meinen Willen, Lehrer im Böhmerwald.

Ich begann ein Fernstudium in den Fächern Sport und Erdkunde und begann schnell die vorgeschriebenen Prüfungen zu bestehen. Bei einigen war ich unter Zeitdruck nicht gut vorbereitet, probierte verschiedene Wortbedeutungen aus und manchmal klappte es. Mein Studium wurde durch den zweijährigen Militärdienst unterbrochen, den ich als Sportler überlebte und nach weiteren zwei Jahren habe ich das Staatsexamen bestanden und habe noch schnell die Lehrbefähigung für Volksschulen hinzugefügt. Darüber hinaus habe ich noch geheiratet, bis jetzt noch gut, und allmählich, dank meiner Frau zeugte ich drei Kinder und die gleiche Frau habe ich, im Gegensatz zu anderen (Männern), immer noch.

In der zweiklassigen Schule in Rehberg habe ich zwei schöne Jahre verbracht und den Unsinn, den wir da machten, habe ich in dem Büchlein ‚Lehrer im Böhmerwald' niedergeschrieben. Einmal gingen wir mit den Kindern spazieren, an die Schultüre hängten wir das Schild, das auch in Gasthäusern verwendet wird – ‚Heute Ruhetag'. Und ausgerechnet da kam der Schulinspektor und fand uns im Wirtshaus. Aber er war ein

Bergreichenstein (Foto: Herbert Pöhnl)

Foto: Herbert Pöhnl

Emil Kintzl
(Foto: Herbert Pöhnl)

normaler Kerl, trank mit uns ein Bier und den Spaß verstand er. Was er wohl heute machen würde?

Ich hatte ein Jagdgewehr und wir wilderten ein wenig, um Lebensmittel zu sparen. Kinder und Leute hatten uns gern – wir waren richtige Böhmerwäldler geworden.

Ungern ging ich von Rehberg weg, aber ich traf die dortigen Kinder in Bergreichenstein wieder, als ich 1958 dorthin versetzt wurde. Hier sind meine Frau und ich immer noch. Als Sportlehrer habe ich mit den Kollegen die Turnhalle ordentlich ausgestaltet. Mit den Schülern legte ich drei Sportplätze an und der Sport begann. Mit den Mitgliedern der Bergwacht bauten wir Skilifte mit Beleuchtung und unsere Schüler wurden so unbesiegbar. Zu dieser Zeit lebte die ganze Stadt für den Sport und es gab auch landesweite Erfolge.

So begann die kommunistische Partei mich in ihre hässlichen roten Reihen zu locken, aber vergebens. Sie haben es bei mir nicht geschafft, ich war anständig erzogen und auch gewarnt worden – gehe nicht in die Politik, das ist Mist!

Die Besetzung am 21. August 1968 erlebte ich in der DDR und ich kam erst nach einer Woche Internierung in Zittau zu Hause an. Ich habe meine Ablehnung der Besetzung öffentlich zum Ausdruck gebracht und dafür wurde ich mit der Entfernung aus dem Schuldienst belohnt. Meine Kinder durften nicht studieren, dann war ich 15 Jahre Arbeiter und endete, wie zu Beginn, bei der Kohle – als Heizer.

Ich nahm das mit Humor und wendete mich verstärkt wieder dem Sport zu. Ich unternahm Langstreckenläufe, Skimarathons und Radwettbewerbe und um geistig nicht zu verkümmern, begann ich alte Fotos aus dem Böhmerwald zu sammeln und sie mit der traurigen Gegenwart zu vergleichen. Wegen dieser Leidenschaft wurde ich 1988 von der bayerischen Polizei in Buchwald festgenommen, als ich die auf der Grenze stehende Ruine des Peschl Hotels fotografieren wollte. Sie dachten ich sei ein Spion, dann wurde ich in Mauth verhört und bis zum Adamskostüm ausgezogen. Ich wurde verwarnt und die Übersetzerin sagte, dass ich kein Spion, sondern ein Ochse sei.

Und dann kam eine große Freude. 1989 wurde die Grenze in Bayerisch Eisenstein aufgemacht und ich begrüßte Außenminister Dienstbier mit den Worten: „Servus, Herr Kollege!"

Und er: „Sie sind auch Minister?"

„Nein, ich war Heizer, wie Sie."

Dann haben wir uns unterhalten, Politik für mich – nichts für mich. Ich bestieg dann alle Böhmerwaldberge, die ich bisher nur traurig anstarren konnte. Ich lernte viele neue Freunde kennen und mit allen verständigte ich mich mit meinen geringen Sprachkenntnissen. Durch Europa bin ich gereist, habe viele Wettkämpfe absolviert, auch die bekanntesten Skimarathons, auch wenn der alte Körper dabei fast zerfiel. Aber ich musste diese Erfahrung machen.

Meine Leidenschaft für den alten Böhmerwald bewirkte die Herausgabe vieler Bücher und als Skiläufer schrieb ich das Buch über die ‚Geschichte des Skifahrens im Böhmerwald' und darauf aufbauend erfolgte die Schaffung der Ausstellung des Schilaufens in Železná Ruda mit Erinnerungen an die Geschichte der Bergwacht im Böhmerwald. Sehr gut kommt die TV Serie ‚Der verschwundene Böhmerwald' an und auch die Herausgabe der entsprechenden Bücher ist gut gelaufen. Diese Arbeit hat mir viel Freude gemacht und es gab viele erfolgreiche

Vorstellungen mit aufmerksamen Zuhörern zuhause und in Bayern. Der Dank von unbekannten Menschen erfreut mich immer.

So siehst Du, Edmund, ich genieße mit meinen Freunden und meinem Steckenpferd ein schönes Alter und freue mich, dass ich durch das Herz, erfolgreich gestärkt durch Bypässe, meinen Verstand und meine Kraft behalten kann. Mein Leben auf dem Rad und auf Skiern gefällt mir immer noch.

Dass es auch Dir gefallen möge, lieber Edmund!

Emil

Das Rathaus in Bergreichenstein (Foto: Edmund Stern)

Das Waisenhaus in Kašperské Hory

Das Waisenhaus in Kašperské Hory leitet umsichtig und mütterlich schon viele Jahre Frau Marie Kučerova. Es bietet Kindern und sogar Erwachsenen eine Heimat. Bei Weihnachtsfeiern werden die Unterstützer eingeladen. Es sind dies Privatpersonen, Firmen und sogar eine Patenkompanie der tschechischen Armee aus Strakonice.

Da hier einige Sinti- und Romakinder eine Bleibe haben, durften diese einmal die Feier nach ihrem Geschmack gestalten. Es war eine weihnachtliche und doch etwas andere Atmosphäre spürbar, allein was die musikalische Darstellung betraf, etwas ungewohnt, doch sehr familiär und engagiert. Die Anwesenheit und das Interesse von so vielen unterschiedlichen Menschen waren einfach rührend.

Das Waisenhaus in Kašperské Hory; Weihnachtsspiel (Fotos: Herbert Pöhnl)

Ganz scheu, an der Wand entlang holen sich Romaarbeiter von der nahen Baustelle ihr Essen. (Foto: Herbert Pöhnl)

Draußen am „Set“ zur Fernsehserie „Policie Modrava“ (Fotos: Edmund Stern)

Fernsehserie „Policie Modrava“.

„Ahoj Edmunde“,

so wird Edmund freundschaftlich begrüßt. Tschechisch hat einen Anredefall, meistens wird an den Namen ein ‚e‘ angehängt..

„Ahoj Emile“, unser Freund Emil Kintzl ist am Telefon. Er hat mit Regisseur Jaroslav Soukup gesprochen und wir können einen Drehtag zu Gast sein. Es geht um die bekannte tschechische Fernsehserie „Policie Modrava“.

Modrava im Böhmerwald hat zwar keine Polizeistation, aber es hört sich für die Tschechen, die irgendwie alle in den Böhmerwald verliebt sind, gut an. Treffpunkt ist die große alte Schule in Kašperské Hory.

Wir sehen, dass mit großem Aufwand und sehr professionell gedreht wird. Trotzdem stellt Emil uns ohne Hast vor, es bleibt noch Zeit, das mitgebrachte Dampfbier zu überreichen und sogar den Unterschied zu den landesüblichen untergärigen böhmischen stark gehopften Bieren zu erläutern.

Wir werden so nebenbei als Komparsen für eine kurze Szene in der Schulküche angeheuert.

Sinti und Roma

Ganz scheu, an der Wand entlang holen sich Romaarbeiter von der nahen Baustelle ihr Essen. Wir beginnen ein Gespräch mit ihnen, wir essen ja alle in der Schulküche, stellen uns vor und einem Fototermin steht nichts mehr im Wege. Ihre anfängliche Scheu und Skepsis machte uns schon nachdenklich.

Der Regisseur Miroslav Soukup mit seinem Stab – ganz professionell.

Wir haben heute sogar einen deutschen Gastschauspieler“, werde ich bald angesprochen. Es ist Florian Stadler, der den Fitnesstrainer in der deutschen Serie „Sturm der Liebe“ verkörpert. Wir kommen dann bald in ein Gespräch:

„Wie gefällt Dir die Schauspielerin Soňja Norisová?“

„Ich bin beeindruckt von ihr, aber auch, dass Du als Tscheche so gut Deutsch und sogar mit bayerischem Akzent sprichst.“

Das Motomuseum von Zdeněk Balek

Nachdem wir Bier mit „unserem“ Etikett verteilt haben, verabschieden wir uns, bleiben aber noch in der Stadt um das Motomuseum anzuschauen.

Zdeněk Balek heißt der Besitzer von gleich drei Museen für alte Zweiräder jeder Art. Es stehen in Bečov, Železná Ruda und Kašperské Hory unglaublich viele, bestens gepflegte und auch seltene Motorräder, Mopeds oder Fahrräder aus sieben Jahrzehnten. Eines interessiert uns besonders. Es hat den Namen „Böhmerland“ und soll damals sogar für drei Personen zugelassen worden sein.

Zdeněk ist ein echter Experte, kann zu jedem Exponat vieles erzählen, so dass aus einem Kurzbesuch eine ganze Stunde wurde.

Der Dreisitzer des Konstrukteurs Albin Liebisch ist schon ein besonderes Motorrad. Wir erfahren: „Es wurde in Nordböhmen in der Zeit der 1.Republik hergestellt und entweder unter dem Namen „Böhmerland“ oder „Čechie“ verkauft. Liebisch erfand und fertigte die Motoren zu den verschiedenen Modellen in seiner eigenen Fabrik. Der begabter Techniker und Erfinder, der als junger Mechaniker einige Jahre bei Poschinger in Buchenau arbeitete. Nach dem 2. Weltkrieg, als er vertrieben wurde, lebte er in Passau.“

Bunker aus der Zeit 1936/38 (Foto: Edmund Stern)

Das Motorrad „Böhmerland“ (Foto: Edmund Stern)

Zdeněk Balek und seine „Ur-Fichtel“ aus demJahre 1939 (Foto: Edmund Stern)

Rejštejn

Dann fahren wir die Serpentinen hinab nach Rejštejn. Auch dieser Ort ist eine uralte Siedlung, durch den Goldabbau entstanden und immer noch bekannt durch die berühmten „Lötz Gläser", die wir bald in Klattau im Glaspavillon PASK bewundern dürfen.

Hier scheint die Zeit stehen geblieben zu sein. Wenn nicht vor dem einzigen Gasthaus für moderne Produkte geworben würde, könnte ein Film über die 70er Jahre des vorigen Jahrhunderts gedreht werden.

Auf dem Friedhof in Unterreichenstein liegt die Mutter Karl Klostermanns. Dieser Schriftsteller, der sowohl Deutsch als auch Tschechisch schrieb und immer versöhnlich blieb, wird heute wieder geschätzt.

Annin

Die moorbraune Otava begleitet uns auf der Fahrt bis zur modernen Stahlbrücke nach Annin. Begleitet werden wir ebenfalls von der alten Bunkerlinie von 1936/38 mit der die Tschechische Republik sich gegen das unverhohlen mit Worten und Taten drohende Dritte Reich schützen wollte. 1938 war es dann soweit, dass ohne Widerstand das Staatsgebiet auf dem mehrheitlich Deutsch gesprochen wurde, mit Zustimmung Frankreichs und Englands an das Deutsche Reich abgegeben werden musste.

1939 wurde dann ohne Folgen die sogenannte „Resttschechei" besetzt und blieb bis Kriegsende quasi eine Kolonie mit Zwangsarbeit und moderner Sklavenhaltung – nur für Tschechen. Deutschsprachige Einwohner waren unter anderem automatisch Vorgesetzte der tschechischen Arbeiter. Wer mit der Besetzung nicht einverstanden war, Menschen jüdischen Glaubens, Pazifisten, Demokraten, Zeugen Jehovas, Sinti und Roma, Sozialdemokraten oder Kommunisten verließen ihre Heimat oder wurden, wenn sie blieben, verfolgt – oft in Konzentrationslager gesperrt oder hingerichtet. Tschechen galten eben als mindere Rasse. Offen wurde diskutiert, was nach Kriegsende mit den noch verbliebenen „Nichtariern" geschehen sollte.

Stachy

Kurz vor unserem Zielort liegt die Gemeinde Stachy. Es ist die südlichste „Freibauern Gemeinde". Hier konnten vor Jahrhunderten die Künischen oder Königlichen Freibauern, meistens Einwanderer aus Bayern oder Österreich, in Selbstverwaltung ihre Siedlungsgebiete bewirtschaften. Dafür hatten sie die Grenzsicherung zur Aufgabe. Das ist schon längstens Geschichte, doch im Wappen am Rathaus von Stachy oder Stachau erinnert noch das Freibauernsymbol an alte Zeiten.

Dann war Stachy der Geburtsort von Andreas Hartauer[3], dem Komponisten des wohl berühmtesten und bekanntesten Böhmerwaldliedes „Tief drin im Böhmerwald“.

Bürgermeister Petr Lampa

Und heute?

Vielleicht gelangt der Ort wieder mehr an Bekanntheit durch seine Pilze am Stadtplatz, die alljährlich nummeriert, mit „Geburtsdaten“ versehen von den Touristen gerne bestaunt werden. Allerdings scheint es nicht ganz klar zu sein, ob es sich um essbare Steinpilze oder um ungenießbare Satanspilze handelt. Oder doch um den Flockenstieligen Hexenröhrling? Wie dem auch sei, wir kamen zu spät und es waren nur noch undefinierbare „Schwammerruinen“ anzufinden, allerdings mit amtlichen Geburtsurkunden. Bürgermeister Petr Lampa posiert vor seinen Pilzen oder was davon übrig ist. Wir erfahren, dass in guten Jahren oft einige Dutzend von „Gemeindepilzen“ registriert werden

Im Unterschied zu den nördlich oder westlich gelegenen „künischen“ Orten sprach man im nahen Zdíkov mehrheitlich Tschechisch. Ein Zeichen dafür, dass die Sprache der Identifikation dienen kann und nicht als Instrument der Abschottung und Trennung missbraucht werden darf.

Das Freibauernsymbol im Wappen von Stachy (Foto: Edmund Stern)

Bürgermeister Petr Lampa mit seinen Pilzen (Fotos: Herbert Pöhnl)

Zdíkov

Edmund hat von einem Flugzeugbauer im Böhmerwald gehört. Es soll sich um einen jungen Mann handeln, der historische Flugzeuge nachbaut und damit sogar zur Arbeit geflogen sei. Nach etlichen Telefonaten wird er fündig.

„Herbert, eine kleine Böhmerwaldrunde, vielleicht springen gute Fotomotive raus, wäre wieder mal fällig.“

„Ist ok, bringen wir Emil Kintzl etwas Bier vorbei und welches Ziel hast du ausgemacht?“

„Der Ort liegt nicht weit von Kašperské Hory entfernt, Zdíkov. Wir sind auf dem Weg nach Budweis sogar schon durch gefahren.“

Nach einigen Minuten erreichen wir die tschechischsprachige ehemalige Freibauerngemeinde.

Wir treffen František Hadrava und Bürgermeister Roman Šebánek in der Garage seines Wohnhauses. Dort tüftelt er momentan an einem Nachbau einer Deperdussin von 1910. Sehr ruhig und bescheiden nimmt er sich Zeit für uns und wir hören gerne zu:

„Ich habe zwei Hobbies. Metal-Musik und alte Flugzeuge nachbauen. Aber mehr Erfolg habe ich mit den Fliegern.“

3 Andreas Hartauer * 28. November 1839 in Stachauer Hütte, Böhmen; † 18. Januar 1915 in St. Pölten, Niederösterreich.

František Hadrava, (der mit dem schwarzen Spitzbärtchen) und Bürgermeister Roman Šebánek vor dem Hangar (Foto: Edmund Stern)

„Deine Rock Musiker Karriere hast Du schon aufgegeben?"

„Ich spiele noch in einer Band, doch der Bau der alten Maschinen ist sehr zeitintensiv."

„Wie lange brauchst Du, bis ein Flieger fertig ist?"

„Da verbringe ich schon ein paar Jahre in meiner Garage."

„Du kannst auf alle Fälle stolz sein, wie handwerklich geschickt Du bist und wie perfekt deine Flugzeuge sind."

„Ich bin ein normaler Schlosser in der Fabrik in Čkyně. Bin sogar schon einige Male die vier Kilometer zur Arbeit geflogen. Ich habe aber kein Ingenieursstudium."

„Sehen wir Dich heute noch fliegen?"

„Klar, mein Dreidecker steht im Hangar."

Etwas ungläubig fahren wir zum „Flugplatz. Auf einer Wiese erkennen wir einen kleinen Unterstand und darin ein Flugzeug, das durch den ‚Roten Baron' berühmt geworden ist – ein Fokker Dreidecker. Der Tank ist voll und stilecht werden die Maschinengewehr-Attrappen aufmunitioniert.

Durch die drei Tragflächen ist das Flugzeug äußerst wendig, das war bei den Luftkämpfen im 1. Weltkrieg ganz wichtig, um den Gegner „auszukurven", sich dann hinter ihn zu setzen und ihn abzuschießen. Allerdings ging diese Art der Konstruktion auf Kosten der Geschwindigkeit.

Oben am Hang hängt ein Windsack, hier liegt der Startpunkt. Mühelos rollt der Dreidecker nach oben, dreht und ist nach einer kurzen Strecke schon in der Luft. Wie wendig das kleine Maschinchen über uns seine Kurven zieht! Jetzt stößt es herunter und die Platzpatronen knattern. Auch die Landung ist kein Problem. Nach einigen Metern steht der Flieger wieder. Der weiße Schal und die Ledermontur werden abgelegt. Tief beeindruckt bedanken wir uns bei dem stolzen Piloten.

František hat uns eine fliegerische Meisterleistung gezeigt. Wir sind begeistert von seinem handwerklichen Geschick, seinem Mut und fliegerischen Können.

František Hadrava vor seinem ein Fokker Dreidecker (Foto: Edmund Stern)

103/17

Ein kleines Gastgeschenk

Wenn wir in Tschechien unterwegs sind haben wir das Nationalpark Pils der Pfefferbrauerei dabei und kleben „unser“ Etikett darüber. Es ist jetzt das „Streifzug“ Bier und soll durch den Tarnhintergrund an die Tramps erinnern. Die Landschaft aus Menschen und mit Menschen sehen wir wie der Künstler.

Die kleinen 0,33 l Flaschen werden interessiert betrachtet und auch getrunken. Für unsere zufälligen oder nicht zufälligen Begegnungen haben wir immer ein geeignetes kleines Dankeschön dabei.

Das Etikett hat Edmund Stern gestaltet (Foto: Herbert Pöhnl)

Impression
(Fotos: Edmund Stern)

Klattau
Die Skyline der königlichen Stadt Klatovy von links die Jesuitenkirche, der „Schwarze Turm", der „Weiße Turm", die gotische Erzdechanteikirche und die Türme der ehemaligen Dominikanerkirche (Foto: Herbert Pöhnl)

Kapitel 3

Šumava 2.0

„Hallo Herbert, wie sieht es nächste Woche am Dienstag bei Dir aus?"

„Keine wichtigen Termine, Zahnarzt kann ich verschieben."

„Vaclav Fiala zeigt uns ‚sein' Klattau, abseits von Barockapotheke und Katakomben."

„Zumindest haben wir diesmal besseres Wetter."

„Du meinst unseren letzten Besuch in Klattau anfangs Mai. Ist schon ein Jahr her?"

„Da hast du zum ersten Mal eine Feier zum Kriegsende in Tschechien erlebt."

Rechte Seite: Amerikanische Armeefahrzeuge in Haidl am Ahornberg (Foto oben: Herbert Pöhnl; Foto unten: Edmund Stern)
Unten: Haidl am Ahornberg (Archiv Ohetaler-Verlag)

Zhůří – Haidl am Ahornberg

Es war ein nasskalter Tag. Wir fuhren nach Zhůří. Ein nicht mehr existierendes Dorf. Es hieß früher romantisch Haidl am Ahornberg. Die Geschichte zu diesem schönen Flecken im Böhmerwald ist aber traurig. Einmal, weil hier zum Kriegsende junge deutsche Soldaten noch das Vorrücken der amerikanischen Panzer verhindern wollten, ein Jahr später die Bewohner aus ihrer Heimat vertrieben wurden und kurz nachher das ganze Dorf geschleift wurde, um einen militärischen Übungsplatz zu schaffen. Bis 1990 war hierher kein Hinkommen möglich.

11V 0233
B5
KTD-03-64

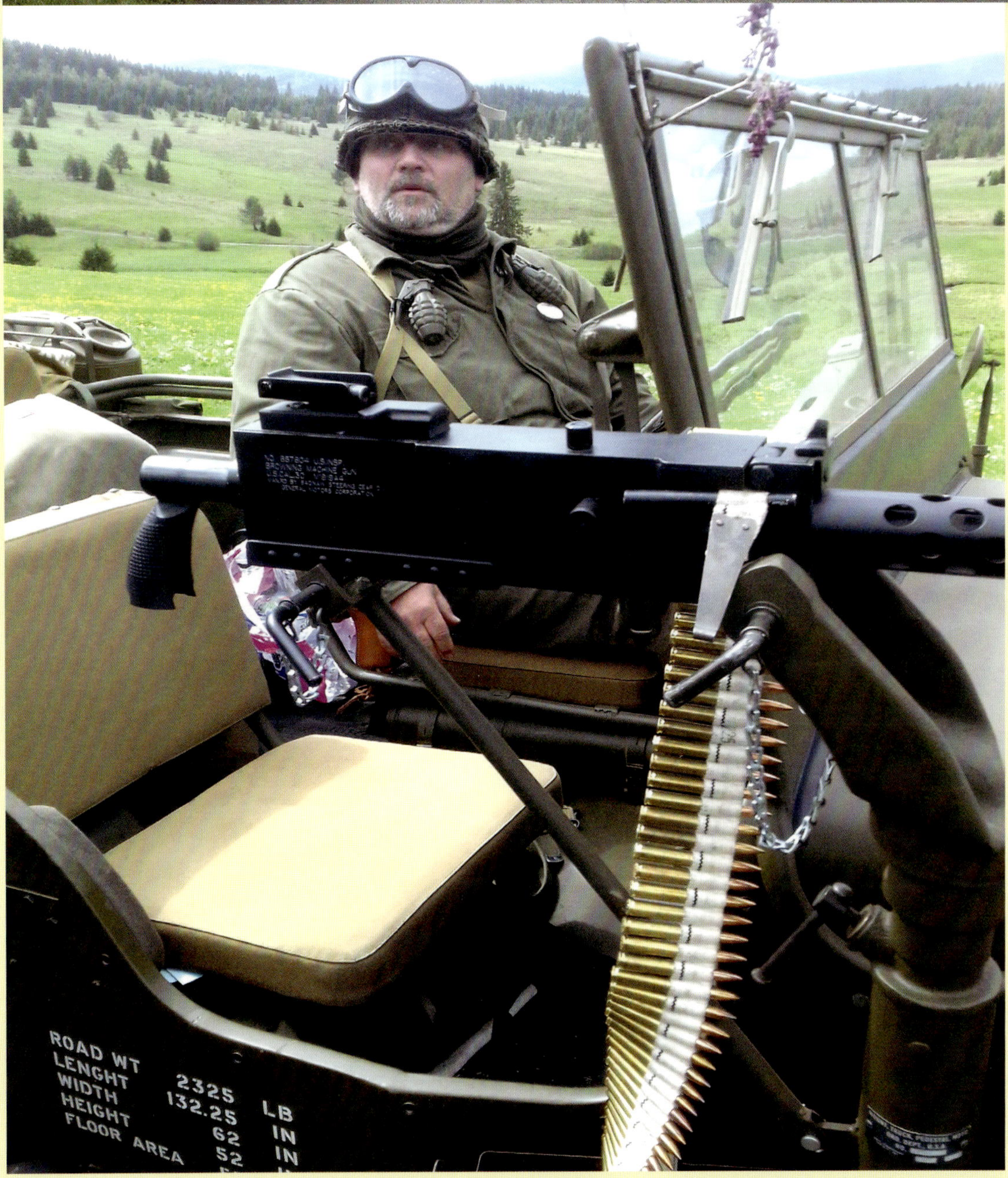

Gedenkstätte Haidl am Ahornberg
(Foto: Edmund Stern)

Klatovy

Bürgermeister Ruda Salvetr

Der Bürgermeister von Klatovy, Ruda Salvetr, hat uns eingeladen zur Gedenkfeier anlässlich des Kriegsendes im Mai 1945. Salvetr begrüßte uns kurz und eröffnete die Feier. Das wurde zu einer unvergesslichen Erfahrung, auch durch die Fülle der plötzlich rauchend und lärmend anrollenden historischen amerikanischen Armeefahrzeuge aus dem 2. Weltkrieg. Sie dominierten auch die Feiern eine Stunde später am Hauptplatz von Klatovy, wieder begleitet von Repräsentanten verschiedener Organisationen, Pfadfindern, tschechischen Soldaten und Polizisten, auch von Vertretern der amerikanische Armee. Wir waren die einzigen Deutschen.

Vaclav Fiala

Am Stadtplatz trafen wir dann den Künstler und Bildhauer Vaclav Fiala. Er zeigte uns am Rathaus seine Gedenktafel, die an die Befreiung durch die Amerikaner 1945 erinnert.

„Warum ist so ein Denkmal erst nach 1990 aufgestellt worden?“ wollte Herbert wissen.

„In der damaligen ČSSR musste die Befreiung von der Naziherrschaft der Roten Armee zugeordnet werden.“

„Obwohl die Amerikaner bis zur Linie Pilsen - Budweis vorgedrungen waren?!“

„Sie mussten auf russischem Druck und auf Grund alliierter Verträge zurück. Aber die Amerikaner symbolisierten Freiheit, das Sehnsuchtsland der grenzenlosen Weite, die den Tschechen nach Kriegsende verweigert wurde. Das motivierte zu vielen kleinen Fluchten, meist an den Wochenenden, in den Böhmerwald, in Zelte, Hütten und Chatas mit Tarnanzügen, Bier, Lagerfeuern und Gitarren. Eine Brücke zum Westen bildeten entsprechende Rundfunksender wie Radio Free Europe oder Radio Luxemburg.

Die Jugend beiderseits des Eisernen Vorhangs begeisterte die gleiche Musik, der Rock und Beat und die Countrymusik. Das war in der damaligen ČSSR der Sound des unerreichbaren Westens.

Mir gefallen diese Lieder, weil sie schon damals ‚anders‘ und nicht Mainstream waren. Meiner Meinung der Zeit weit voraus. Vor allem ging es um Menschenrechte und Pazifismus, Werte, die damals in den USA nicht selbstverständlich waren,“ erklärte er uns.

Vaclav Fiala ist mit dieser „westlichen Sehnsucht“ aufgewachsen und konnte dem totalitären Staat nichts abgewinnen.

Herbert meint: „Diesmal wird die Fahrt bestimmt wieder interessant und es wird für mich viel Neues dabei sein! Außerdem freue ich mich, Vaclav wieder zu sehen."

Treffpunkt ist 9 Uhr in Theresienthal beim Schlösschen, an Bord einige Dampfbräu Biere und zwei warme Leberkassemmeln, also zwei wLKS.

Unser weißer Golf schnurrt durch den Böhmerwald. Im CD-Player ein alter Dylan Song „With God on Our Side", aktuell wie eh und je. Wir werden daran erinnert, dass wir uns auch in Europa an bewaffnete Konflikte gewöhnen – leider!

Zelena Lhota

Dr. Oldřich Richter

Auf dem Weg besuchen wir heute den Vorsitzenden der ehemaligen ‚Černí baroní' Oldřich Richter in seinem idyllischen Häuschen in Zelena Lhota. Als ‚Schwarze Barone' bezeichnete man in der Tschechoslowakei die Bausoldaten wegen ihrer schwarzen Uniform. Das waren im Kommunismus junge Männer, die wegen ihrer „bürgerlichen" Herkunft oder ihrer freiheitlichen Gesinnung keine Waffen tragen durften und hauptsächlich schwere Arbeiten verrichten mussten. Abgekürzt kannte man diese Bausoldaten als PTP.

Oldřich Richter mit Ehefrau (Foto: Herbert Pöhnl)

Dr. Richter war später Landarzt im Kreis Klattau. Wir kennen uns seit der Wende. Er war Vizelandrat, weil unbelastet und förderte, begleitete und übersetzte unzählige Kontakte zwischen bayerischen und tschechischen Menschen, Vereinigungen und Politikern."

Herzlich werden wir begrüßt, seine Frau bringt Tee.

„Herr Dr. Richter, darf ich Sie bitten, uns kurz über Ihr Leben zu berichten."

„Am 30. Mai 1930 wurde ich in Klatovy geboren. Mein Vater war Arzt, deshalb begann ich auch 1949 mit dem Medizinstudium in Pilsen. 1951 wurde ich zum Grundwehrdienst eingezogen, so meinte ich. Aber es stellte sich heraus, dass ich bei den PTP landete."

„Was war der Unterschied?"

„Wer Bausoldat war, war nicht würdig, Dienst mit der Waffe zu leisten. Unterkunft und Verpflegung waren sehr schlecht."

„Welchen Grund gab es wohl für diese Schikane?"

„Ich glaube mein Schicksal entschied sich 1948. Ich habe mich vor den Wahlen, bzw. dem Putsch öffentlich gegen die Kommunisten ausgesprochen."

„Wie stellt man sich das Leben in so einem Umerziehungslager vor?"

„Wir waren in einem Lager mit Zaun, Stacheldraht und Wachposten untergebracht. Im Kohlebergwerk Karvina leistete ich über zwei Jahre in Nachtschichten Zwangsarbeit."

„Das hört sich aber schrecklich an."

„Trotz meiner erfolglosen Umerziehung durfte ich dann doch mein Studium fortsetzen und war bis zu meinem Ruhestand in dieser Gegend hier als Landarzt tätig.

Ich heiratete, habe eine Tochter und wir konnten uns ein kleines Häuschen bauen."

„Wie ich Sie kenne, ist Ihr Ruhestand nicht ganz so ruhig."

„Gerne kümmere ich mich um den Friedhof der ehemaligen deutschsprachigen Bewohner von Zelena Lhota, die Friedhofskapelle und bin Vorstand der Vereinigung der ehemaligen Bausoldaten, der „Schwarzen Barone".

Herzlich verabschieden wir uns von diesem bescheidenen und aufrechten Mann und von seiner klugen Frau.

Von Zelena Lhota nach Dešenice erstreckt sich links unten ein Trinkwasserstaudamm.

Dešenice/Deschenitz

Dr. phil. Lenka Sykorova

Wir haben die landschaftlich schöne Strecke über den Spitzbergsattel genommen. Bei der Bürgermeisterin Dr. phil. Lenka Sykorova waren wir schon vorher angemeldet. Sie spricht sehr gut Deutsch und wir könnten in ihrer „Burg" vielleicht unser Buch, wenn es jemals fertig würde, vorstellen. Wir treffen sie in der Werkstätte am gemeindlichen Bauhof.

Ihre Kanzlei ist im ehemaligen Hohenzollern Schloss. In Böhmen nennt man einen Bau aus früherer Zeit, der dem Schutz diente „Tvrz". Eher schmucklos und funktional überdauerte das Gebäude Jahrhunderte. Erst nach der Wende und auf Initiative von Frau Sykorova wurde die „Festung" zu einem modernen Gemeindezentrum umgebaut. Wie viele Bauten von Adeligen wurde auch dieser nach 1945 Sitz einer landwirtschaftlichen Produktionsgenossenschaft, dementsprechend „modernisiert" und letztendlich abgewirtschaftet.

Lenka wohnt mit ihrem Mann im behutsam und gefühlvoll renovierten ehemaligen Pfarrhaus. Ein idealer Platz für einen Künstler.

Die Kirche in Deschenitz (Foto: Edmund Stern)

Frau Bürgermeisterin Lenka Sykorova im Gespräch mit den Arbeitern (Foto: Herbert Pöhnl)

Nächste Seite: Laďo Sykora ist ein Künstler, beherrscht besonders die Drucktechniken im Linolschnitt perfekt

(Foto: Herbert Pöhnl)

(Repro Edmund Stern)

Laďo ist ein bildender Künstler, beherrscht besonders die Drucktechniken im Linolschnitt perfekt.

Jüdischer Friedhof in Nýrsko

Jüdischer Friedhof in Nýrsko (Fotos: Edmund Stern)

Kurz vor dem nahen Nýrsko liegt auf einer Anhöhe der Jüdische Friedhof. Vor kurzem fanden wir dort das Grab eines bekannten jüdischen Kaufmanns – aus Zwiesel. Vor dem 1. Weltkrieg war nämlich die Grenze kaum trennend und die jüdischen Gemeinden waren vor allem auf der österreichisch-böhmischen Seite. Im Bayerischen Wald waren Menschen jüdischen Glaubens eher selten. 1915 lebten in Zwiesel 15 Einwohner, die in der Statistik als „israelitisch" geführt wurden.

Pavel Kalista (Foto: Edmund Stern)

Pavel Kalista von Film Pro

Als wir weiter durch das kleine Straßendorf Radinovy fahren, erinnern wir uns gerne an Pavel. Plötzlich, aber auch bemerkenswert dezent ist er da, Pavel Kalista von FilmPro, einer kleinen TV-Streaming Station in Radinovy nahe Klatovy. Ob beim Grillfest in Hartmanice, bei der Verleihung der Bürgermedaille in Železná Ruda oder bei unserer Setkání-Präsentation in Dešenice. Immer und überall ist der Chef Pavel Kalista Kameramann und Interviewer zugleich und gehetzt vom nächsten Termin und der Notwendigkeit einer sehr aktuellen Präsentation des Aufgenommenen. Neben der Aktualität und Regionalität achtet Kalista auf Vielseitigkeit seines Programms und berichtet auch von Events rund um den Arber auf bayerischer Seite. Er will sich absetzen von den grellen und hektischen Reportagen und lieber den Alltag positiv dem Zuschauer ins Wohnzimmer bringen.

FilmPro ist eine der kleinen Internetstationen in Tschechien, die sich gegen die großen nationalen Medien und noch mehr gegen die internationalen Sender behaupten. Sie verfügen auch über moderne Schnitttechniken und Präsentationsformen, sie buhlen oft um die gleichen Werbekunden und bangen täglich um ihre Einschaltquoten. Eine Nische und Chance, so Kalista, wäre die Kooperation mit ostbayerischen Sendern, womöglich stehen die vor den gleichen Problemen und Überlegungen. So könnte das Programm vielfältiger, internationaler werden. Seine Bitte an uns, einen entsprechenden Kontakt herzustellen, erfüllten wir gerne, aber bisher ohne Erfolg.

Für uns bedeutet das kein Kopfschütteln mehr, allenfalls ein Schulterzucken. Vielleicht nehmen die ostbayerischen Medien den Begriff „Lokalsender" so wörtlich, dass immer noch die Grenze trennt und nicht verbindet. Oder ist es hauptsächlich die Sprachbarriere?

Vaclav Fiala
(Foto: Herbert Pöhnl)

Klattau

Vaclav Fiala

Vor Klattau der Vorort Luby, eher das Gewerbegebiet der ehemaligen Kreisstadt. Landkreise wurden bald nach der Wende in Tschechien abgeschafft. Die Bezirke heißen „Kraj".

Eigentlich fährt man hier nur durch. Doch heute finden wir auf der Rückfahrt im nahen Wald noch ein Ziel.

Aber nun sind wir in der Stadt mit 25.000 Einwohnern angekommen, kurz vor dem Stadtplatz geht es rechts hoch zu Fialas Atelier, genannt der „Hangar".

Vaclav wartet schon auf uns, inmitten seiner nicht zu übersehenden imposanten Skulpturen aus Holz, Stahl, Granit oder Marmor, sein Hundchen umringt uns bellend und ganz aufgeregt.

Der Bildhauer ist noch ganz weiß im Gesicht, Flex und Staubschutzmaske hält er in der Hand.

„Ahoj Vaschko, schön, dass Du Dir für uns Zeit nimmst!".

„Heute zeige ich Euch einige meiner Werke, die ich eigens für die Stadt Klatovy gemacht habe. Aber die Anlässe dazu sind eher traurig."

„Wir wissen, dass Du damit auch an das Vergessene oder Verdrängte erinnern willst."

„Wir Tschechen mussten im Laufe der Zeit viele Statuen in unserer Stadt ertragen, die den Eroberern, Besetzern oder den Mächtigen gewidmet waren."

„Und Du gibst vor allem den Opfern eine öffentliche Aufmerksamkeit. Wie für Jan Palach, für den Du sogar in Australien ein Denkmal errichtet hast und mit Deiner ganzen Familie dorthin eingeladen wurdest."

„Du sagst ja beim Bier doch immer zu mir, ich wäre ein weltbekannter Künstler – bekannt sogar in Leitmeritz." (lacht)

Am Rathaus ist neben dem Stadtwappen auch ein weiteres Werk aus Vaclavs Hand befestigt, ein stilisierter Abdruck einer Panzerkette

„Erst nach der Wende konnte hier der Niederschlagung des ‚Prager Frühlings' gedacht werden."

„Nicht zu übersehen und fantastisch gut gelungen finden wir Deine Gestaltung des Kreisels Richtung Pilsen, richtig einmalig."

Fotos: Herbert Pöhnl

Foto: Edmund Stern

Foto: Edmund Stern

„Ihr könnt Euch denken, dass meine Denkmäler den Ehemaligen nicht passen."

„Und spürst Du das?"

„Besonders mein stehendes, liegendes KLATOVY im Kreisel ist Stein des Anstoßes.

"Das überrascht uns. Wir haben noch nie ein moderneres und schöneres „Ortsschild" gesehen."

Die ehemalige Synagoge in Klattau

„Kommt mit, wir gehen jetzt zur ehemaligen Synagoge. Klattau hatte eine große jüdische Gemeinde."

Am Rest der Stadtmauer entlang finden wir einen Hinterhof.

„Das sieht aber nicht nach Synagoge aus! Hier ist ja ein Fitnessstudio," bemerken wir enttäuscht.

„Nach der Ermordung der jüdischen Bürger hatten die Deutschen deren Gotteshäuser verfallen lassen oder nutzten diese anders. So ähnlich machten es dann auch die Kommunisten."

Am Rande gegenüber steht eine große Granitstele, die einen halben Leuchter andeutet. Vaclav zeigt auf die polierte Vorderseite, in die alle Namen der jüdischen Klattauer Bürger eingemeißelt sind, die den Holocaust nicht überlebten. Es sind Hunderte.

„Edmund, Du hast gleich nach der Wende Karel Stern und seine Frau kennen gelernt. Beide haben Auschwitz überlebt. Hier stehen die Namen der Toten seiner Familie."

„Diese zufällige Namensgleichheit führte uns zusammen. Ich habe Teile seiner Aufzeichnungen erhalten und übersetzt. Beide Sterns sind schon lange tot, ihre Tochter lebt noch bei Prag."

Frau Marie Havličková, geb. Stern

Edmund hat Kontakt mit seiner Tochter aufgenommen. Der Lehrer Milan Strnad hat ihm dabei geholfen. Frau Havlickova geb. Stern antwortet:

Sehr geehrter Herr Stern

Danke für Ihren Brief und das Interesse an der Arbeit meines Vaters. Selbstverständlich bin ich einverstanden, dass Sie mit diesem Material an einem Projekt mit Studenten arbeiten, denn es ist sehr wichtig, dass die heutige Jugend mit der Geschichte und den Ereignissen des Holocausts bekannt gemacht wird.

Leider habe ich keine Kopie der Arbeiten meines Vaters, aber wenden Sie sich bitte an Herrn Strnad in Klattau, der mit diesem Material gearbeitet hat und sicher weiß er auch, wo es liegt.

Nochmals vielen Dank für Ihren Brief und herzliche Grüße

Marie Havličková

Aufzeichnungen von Karel Stern

Auszüge aus den Aufzeichnungen von Karel Stern standen Schülerinnen und Schülern eines Praxisseminars am Gymnasium Zwiesel zum Thema „Jüdisches Leben im Böhmerwald“ zur Verfügung:

„Nach der Besetzung von Böhmen und Mähren durch die Nazi Wehrmacht und der Errichtung des sogenannten Protektorats, wurden die Juden rassisch diskriminiert und sie verloren nach und nach die Bürger,- und Menschenrechte. Nach und nach wurden eine Reihe von Verordnungen und Geboten herausgegeben, nach denen sich die Juden zu richten hatten.

Juden durften ihr Zuhause nach 8 Uhr abends nicht verlassen, sie durften kein Restaurant, Kino und Theater besuchen, durften nicht in den Park gehen, durften dort nicht baden, wo Arier sich badeten, durften nicht zum Friseur gehen. In den Geschäften hatten sie festgesetzte Stunden zum Einkauf, in der Regel von 16 bis18 Uhr. In Klattau durften sie sich nicht am Stadtplatz und in den Hauptstraßen aufhalten. Sie durften keine kleinen Nutztiere halten. Es war ihnen verboten, Motorfahrzeuge zu besitzen, durften im Krankheitsfall nicht von einem arischen Arzt behandelt werden, sie hatten festgesetzte Sprechzeiten in Ämtern, durften keine Wäsche in die Wäscherei geben. Nach Einführung des Verteilungssystems für Lebensmittel erhielten sie in begrenztem Umfang Lebensmittelkarten; für Rauchwaren, Bekleidung, Textilien und Schuhe bekamen sie keine Gutscheine. Sie durften keine Radioapparate besitzen, die sie hier in Klattau bei der Gestapostelle abgeben mussten. Sie durften keine öffentlichen Verkehrsmittel benutzen, außer wenn sie zur Arbeit fuhren und da mussten sie den letzten Waggon bei der Bahn oder Straßenbahn nehmen. Ebenfalls durften Juden ihren Wohnort nicht ohne Erlaubnis verlassen. Vom 1. September 1941 an mussten Juden gekennzeichnet sein – mit einem gelben Stern, der fest an der linken Brustseite der Bekleidung angenäht sein musste.

Am 26. und 31.November 1942 wurden die jüdischen Bürger nach dem Ghetto Theresienstadt deportiert und von dort gingen nach und nach Transporte zum Konzentrationslager Auschwitz – Birkenau, wo die Menschen dieses Transportes in den Gaskammern umkamen. Weil die Erinnerung an diese Ereignisse vor 30 Jahren ständig schwächer werden, versuche ich auf den folgenden Seiten diese Geschehnisse wieder zu geben, dass sich die jüngere Generation ein Bild davon machen kann, was der Faschismus und die deutsche Besetzung von 1939 bis1945 waren.*

Die Nazi Besetzung betraf nach den sogenannten Nürnberger Gesetzen in Böhmen und Mähren, auf dem Gebiet des von den Nazis errichteten Protektorat, etwa 110 000 Menschen. Einigen von ihnen wurde erst ihre jüdische Abstammung bekannt, als sie um einen Arierausweis, zurückreichend bis zu ihren Urgroßeltern, eingaben. Die deutschen Faschisten vertraten eine Rassentheorie, die hauptsächlich die ideologische Stütze des Faschismus war. Das besetzte Protektorat wurde zu einem großen

Konzentrationslager. Der Tod der Juden gehörte zum Programm der Nation, durch das sie sich auf die kulturelle Überlegenheit über die anderen Völker der Welt beriefen. Die Ausrottung der Juden geschah in Konzentrationslagern, die nach dem Plan der „Endlösung der Judenfrage" gebaut wurden. Das Leben der Juden war nach der Besetzung eine Kette von Gewalt, Bestialität, Totschlag und Folterung, Hinrichtung und Tötung von bestialische Mord bis zur verfeinerten Ausrottung ‚nach deutscher wissenschaftlicher Art' der Juden vom Neugeborenen bis zu kranken und sterbenden Alten.

Von den Juden im Protektorat wurden 80 000 getötet. Von den 15 000 Kindern, die mit ihren Eltern durch das Ghetto von Theresienstadt gingen, starben in den Gaskammern von Auschwitz mehr als 90 %. Aus dem Klattauer Gebiet kamen bis auf wenige Ausnahmen in den Konzentrationslagern Theresienstadt und Auschwitz 595 Menschen um. Diese Zahl ist eher höher als ich angenommen habe, da noch eine Reihe von Selbstmorden von denen, die so ihrem Schicksal entfliehen wollten und einigen, die niemals erfasst wurden, hinzukommen.

Im Ausweis stand neben dem Namen bei Männern Israel, neben Frauen Sara. Am 30. November 1942 begab sich ein Zug von 619 Menschen, Männern, Frauen, Alten und Kindern in Begleitung von Wachen zum Klattauer Bahnhof. Gemäß unserer Nummer füllten wir die Waggons und machten uns auf den Weg nach Theresienstadt.

Die Wachen fuhren mit uns.

In meiner Hosentasche entdeckte ich die Schlüssel von Haus und Wohnung und an der Station Švihov warf ich sie aus dem Fenster.

Er beendet sein Werk:

Wie ich schon anfangs erwähnt habe, kamen im Ghetto Theresienstadt und in Auschwitz-Birkenau 595 Einwohner des Landkreises Klattau ums Leben. Von diesen Menschen blieb nichts übrig. Ihre Asche wurde in die Weichsel oder in den Teich beim Krematorium V in Auschwitz-Birkenau geschaufelt. Ich möchte, dass meine Dokumentation für die Opfer als gemeinsamer Grabstein gelten möge."

Karel Stern schrieb erst in den 70er Jahren seine Erinnerungen auf („Tak jsme zíli" „So haben wir gelebt". Das umfangreiche Werk besteht aus den Teilen „Leben der jüdischen Einwohner vor der Deportation", „Das Leben im Ghetto Theresienstadt", „Das Todeslager Auschwitz II – Birkenau" und der letzte Teil „Zusammenfassung und Statistik".

***

445	Bloch Arnošt Jan	26.10.1927	Klatovy, Dlouhá 42
446	Blochová Zuzana	22. 8.1930	Klatovy, Dlouhá 42
447	Blochová Amalie	9.12.1864	Klatovy, Dlouhá 42
448	Bloch Emil	6. 8.1889	Klatovy, Měchurova 43
449	Blochová Alžběta	5. 6.1894	Klatovy, Měchurova 43
450	Bloch Kurt	14. 6.1926	Klatovy, Měchurova 43
451	Blochová Elza	2. 8.1894	Klatovy, Dobrovského 87/1
452	Bloch Gustav	25. 8.1887	Klatovy 201
453	Benisch Albert	27. 6.1888	Klatovy, Měchurova 43
454	Benischo vá Ida	1.10.1887	Klatovy, Měchurova 43
455	Benischová Žofie	25. 3.1923	Klatovy, Měchurova 43
456	Kraus Oskar	22.11.1907	Klatovy, Husovo n.40
457	Kraus Arnošt	23.11.1905	Klatovy, Husovo n.40
458	Pick Emil	18.10.1883	Klatovy, Školné 94
459	Löwy Otto	6.11.1920	Klatovy, Husovo n.160
460	Picková Elza	4. 4.1888	Klatovy, Vídeňská 126
461	Pick Bedřich	29. 7.1911	Klatovy, Vídeňská 126
462	Löwithová Regina	7. 6.1876	Klatovy, Pražská 159
463	Weiskopfová Františka	4. 5.1916	Klatovy, Hammerschmídová 6
464	Weiskopf Marek	14. 8.1871	Klatovy ,,
465	Weiskopfová Terezie Kat.	10. 5.1914	Klatovy, ,,
466	Weinerová Ela	12. 7.1894	Klatovy, Koldínova 214
467	Weiner Arnošt	15. 5.1886	Klatovy, Koldínova 214
468	Gottliebová Charlota	13. 4.1878	Klatovy, Vídeňská 6
469	Gottlieb Karel	29. 8.1867	Klatovy, Vídeňská 6
470	Stern Berthold	22. 3.1883	Klatovy, Voříškova 203
471	Sternová Růžena	23. 2.1885	Klatovy, Voříškova 203
472	Stern Karel	12.12.1915	Klatovy, Voříškova 203
473	Stern Bedřich	9. 5.1917	Klatovy, Voříškova 203
474	Sternová Marta	14. 7.1918	Klatovy, Voříškova 203
475	Šlingová Rozalie	7,10.1888	Klatovy, Vídeňská 6

Aus den Transportlisten (Repro Edmund Stern)

470	Stern Berthold	Landwirt	22. 3. 1883	Klattau Voříšekg.203	82751
471	Stern Rosa	Haushalt	23. 2. 1885	Klattau Voříšekg.203	82757
472	Stern Karl	Landw. Arbeiter	12.12. 1915	Klattau Voříšekg.203	82755
473	Stern Friedrich	Landw. Arbeiter	9. 5. 1917	Klattau Voříšekg.203	82753
474	Stern Marta	Arbeiterin	14. 7. 1918	Klattau Voříšekg.203	82756

Jan Jirak

Langsam gehen wir zum Stadtplatz hoch, der wie bei fast allen alten Städten Tschechiens bestens restauriert und touristentauglich möbliert ist.

Vaclav zeigt auf das Gebäude neben der Apotheke:

„Hier hat ein neues Cafe eröffnet. Herbert ist ja ein Kaffeetrinker."

Beim Eintreten fallen uns die bunten großformatigen Wandmalereien mit Mohnblumen im modernen Bau ins Auge.

„Wir rufen am besten Jan Jirak vom Museum an und laden ihn auf einen Cappuccino ein." Edmund hält schon sein Handy parat.

„Wir haben ihn ja schon bei der Sonderausstellung ‚Heydrichiade' letztes Jahr kennen gelernt." Herbert erinnert sich

„Er schreibt Artikel und Bücher über die Zeitgeschichte von Klatovy."

„Aber auch seine Nachforschungen nach den längst vergessenen Böhmerwaldbrauereien sind interessant".

Wir haben gerade unsere Getränke bekommen, als Jan hereinkommt und auf uns zusteuert. Er begrüßt uns mit einem „Ahoj".

Jan Jirak hat einige Bücher dabei:

„Ich weiß, Herbert ist überrascht, dass in den tschechischen Buchgeschäften so viel Literatur und Dokumentationen über das sogenannte Protektorat angeboten werden. Bei Euch hat man bestimmt schon sehr früh noch lebende Personen, besonders in hohen Ämtern, schützen wollen und vieles verharmlost oder eben als kommunistische Propaganda abgetan".

Edmund macht einen Vorschlag:

Jan Jirak (Foto: Herbert Pöhnl)

„Beim alljährlichen Nelkenfest, das die Stadt feiert, sind Gäste aus Deutschland sehr willkommen. Was wäre, wenn deutsche Mandatsträger nicht nur ins Rathaus kommen, sondern auch nach Luby eingeladen würden?"

Jirak: „Es ist interessant, dass Luby für Euch ein Begriff ist. Ich finde die Idee gut, aber man nimmt halt Rücksicht auf die doch noch nicht so belastbaren Beziehungen."

Die Kuchenauswahl ist eher gesund und trendig. Edmund hätte sich auf eine deftige Sahnetorte gefreut. Dafür wird Biostrudel angeboten. Gesund, ohne Zucker, der Zeit entsprechend.

Jarka Papešova

Vaclav hat ein Ehepaar ein paar Tische weiter entdeckt:

„Ahoj Jarko, ich habe heute zwei Freunde aus Zwiesel zu Gast. Das sind Edmund und Herbert, das ist Jarka Papešova, die Malerin dieser Bilder rundherum".

Edmund geht hinüber und lacht:

„Hallo, ich kenne dich Jarka und deinen Mann schon von früher aus der Gärtnerei. Dort habe ich im Laufe der Zeit viele Obstbäume gekauft. Mein Lieblingsapfelbaum ist und bleibt der ‚Rubin'."

Das Ehepaar lebt in der Nähe sehr romantisch in einem kleinen Dorf mit dem schönen Namen „Veseli" (Froh). Dort hat Jarka ihr „Atelier mit Seele" und ihr Mann eine Firma für Landschaftsgärtnerei und Gartengestaltung. Ihr Sohn wächst in der Natur auf.

„Edmund, Du kennst wirklich Gott und die Welt!"

„Und Du, Vaclav, bist unermüdlich dabei - nicht nur in Deiner Heimatstadt - durch Deine ausdrucksstarken und künstlerisch imponierenden Werke Wahrheiten ans Licht der Öffentlichkeit zu bringen."

„Auch bei Euch hat es damit ebenfalls sehr lange gedauert, nicht wahr?"

Jarka Papešova (Foto: Herbert Pöhnl)

„In Deutschland haben wir leider genügend ‚Denkmäler' und sogar Straßennamen, die besser geändert werden sollten. Es gibt viel Literatur und Dokumente über die schlimme Zeit der Verfolgung, Ermordung und Vertreibung der Deutschen nach 1945. Diese Verbrechen belasteten und belasten immer noch das Verhältnis zwischen unseren Ländern. Aber die Vorgeschichte von 1938 bis 1945 wird eher ausgeblendet."

Jarka Papešova: Mohn (Foto: Edmund Stern)

Das Museum in Klattau mit Glaspavillon „PASK“

Zum Museum und der sogenannten Singer-Villa gehen wir alle zu Fuß weiter. Aufwärts vorbei an stattlichen Häusern der Jahrhundertwende, als Böhmen noch ein österreichisches k.u.k. Kronland war, bleiben wir vor dem imposanten Museum stehen. Ein Glanz der damaligen habsburgischen Hauptstadt Wien ist noch überall in vielen tschechischen Städten zu finden.

„Honzo, schön, dass wir auch an einem Montag reinkommen können. Ohne Publikum kannst Du bestimmt ruhiger erklären.“

„Bitte zeig‘ uns den Teil der Ausstellung, der der Kriegszeit gewidmet ist.“

„Auch bei uns in Tschechien müssen wir die Vergangenheit erst nach und nach bewältigen. Wir haben nicht nur alte und sehr alte Exponate in unserem Museum, sondern können auch erst seit einigen Jahren objektiv die Besetzung, die Zeit der ‚Heydrichiade‘ und dann vor allem die Befreiung durch die US Armee zeigen.“

„Was versteht man genau unter Heydrichiade?“

„Das war die blutige Rache der Nazis an den Männern und Frauen des Widerstandes oder auch an ganz Unbeteiligten. Als 1942 tschechische junge Männer, die schon 1939 nach England geflohen waren, den SS General Heydrich in Prag töteten. Diese Legionäre waren zur britischen Armee eingezogen worden und kämpften während des Krieges, wie viele junge Männer aus Polen auch, in der britischen Armee als Soldaten, Piloten oder eben als Fallschirmjäger.“

„Ja, dazu gehört auch das folgende Massaker von Lidice und weniger bekannt das von Ležáky.“

“Hier in Klattau hatte die gefürchtete SS und Gestapo das Sagen, mit den schwarzen Uniformen und den besonderen Rangabzeichen. Noch gefürchteter waren sie in ihren langen Ledermänteln und mit Schlapphut.“

„Wie weit ging ihr Wirkungskreis?“

„Die Geheime Staatspolizeistelle Klattau ‚betreute‘ ein großes ‚Protektoratsgebiet‘, bis in Teile von Südböhmen und sogar bis Mittelböhmen reichte ihr langer Arm.“

„Wo war der Sitz dieser beamteten Verbrecher?“

„Das Haus ist nicht weit von hier. Der ursprüngliche Besitzer, der jüdische Fabrikant Singer, floh gleich nach dem Einmarsch der deutschen Armee, Polizei, SS und Gestapo. Seine Villa passte dann standesgemäß zu den Eliten der Herrenmenschen. Der Keller wurde nur noch mit den obligaten Zellen ausgestattet. Von hier brachte man nach und nach im Jahr 1942 73 Frauen und Männer zur Hinrichtungsstätte Luby. Dazu wurde umfangreich fotografiert, um diese Bilder dann als Muster bei

TÁ V DEKORU PAPILLON
WINGS ENCHANTED IN THE DECOR PAPILLO

Schulungen zu benutzen. Kopien dieser Lehrsequenz sind hier. Schau, so hat dieser Beamte einen Fangschuss vorschriftsmäßig ausgeführt."

„Was wird mit dem Mann nach 1945 wohl passiert sein?"

„Er wird wahrscheinlich in Zivilkleidung rechtzeitig nach Westen geflohen sein und nach ein paar Jahren möglicherweise der Bundesrepublik als treuer Polizeibeamter gedient haben. Es gab erstaunliche Karrieren überall in der jungen Bundesrepublik."

„Man war ja nur ein kleines Rädchen und hat seine Pflicht getan. Damit kam man vor Gericht durch. Deshalb endete wohl der Geschichtsunterricht zu meiner Schulzeit bereits im Jahre 1870", bemerkt Herbert.

Die Glasmanufaktur Lötz

„Ich zeige Euch nun den modernsten Teil unseres Museums. Es handelt sich um eine großartige Dauerausstellung mit Glas der weltberühmten Glasmanufaktur Lötz.

Lötz wurde weltberühmt durch das irisierende Jugendstilglas und auch durch das farbenprächtige ‚überfangene' sogenannte Tangoglas, das beinahe schon dem Art Deco zuzurechnen ist.

Einer bekannter Designer war damals Michael Powolny. Die Fabrik lag im Tal der Losenitz in Unterreichenstein Ortsteil Klostermühle – tief drin im Böhmerwald."

Jitka Lneničkova

Wir genießen die Schönheit und Leichtigkeit dieser Ausstellung, die Dr. Jitka Lneničkova als Kuratorin in vorbildlicher Weise initiiert und aufgebaut hat, und noch weiter laufend perfekt betreut. Der moderne Bau des PASK liegt unmittelbar neben dem klassizistischen Museumsbau und im Sichtbereich der Singer Villa. Der Blick geht schon hinüber zur „unschuldigen" Villa.

Ein paar Schritte und wir stehen vor einem Gartentor mit der Aufschrift „Školka" (Kindergarten), dahinter die ehemalige Villa Singer.

„Vaclav, Du hast auch hier ein Denkmal im Auftrag der Stadt Klattau geschaffen."

„Vor allem das Material und die Form sind ungewöhnlich. Der schwarze Stein stammt aus Simbabwe. Der 25 Tonnen Brocken Gabridiorit wurde nach Durban in Südafrika gefahren, nach Hamburg verschifft und weiter auf einem Lkw nach Tschechien. Daraus habe ich ein Denkmal für die Gefallenen der Kriege in Rožnov bei Prag gemacht, dann eine weitere Skulptur „Steinspiegel". Dieser verbindet den Veitsdom in Prag und den Königspalast. Und auch diese ähnliche polierte Steinscheibe hier in Klattau inmitten des Rasens besteht aus dem Material vom Steinbruch „Hyäne" in Simbabwe."

„Hat man Dir irgendwelche Vorgaben gemacht?"

Der Glaspavillon „PASK" befindet sim Museumsgarten (Fotos: Herbert Pöhnl)

„Es sollte ein Denkmal werden, das an diese traurige Begebenheit erinnert, aber zur jetzigen Nutzung der Villa passt. Hier ist nämlich ein Kindergarten."

„Warum wurde der Spiegel mit den Namen der Opfer genau auf diesen Teil des Rasens gelegt?

„Hier an der Südseite des Gartens vergruben die SS Leute kurz vor Kriegsende die 73 Papierurnen der Opfer."

Bürgermeister Karel Mráz vervollständigte den Steinspiegel mit der Inschrift: ‚Des Lebens und des Todes beraubten Gefallenen und Opfern dieses Ortes werden wir immer Dank schulden'.

„Ich habe aber niemals geahnt, dass einmal meine Tochter Rosa um das Denkmal an die Heydrichiade sorglos spielend herumlaufen wird."

Wir bedanken uns bei Vaclav ebenfalls mit Bier aus der Dampfbierbrauerei und Gläsern aus der Kristallglasmanufaktur Theresienthal.

Im Auto fragt Herbert:

„Die Klattauer Gestapo und die Mitglieder der sogenannten Ordnungspolizei erschossen 1942 73 Männer und Frauen. Was war die Begründung?"

„Billigung des Attentats auf den stellvertretenden Reichsprotektor und Gruppenführer (SS General) Reinhard Heydrich."

„Wie konnte man das oder das Gegenteil beweisen?"

„Gar nicht. Man versuchte, Angst und Schrecken zu verbreiten. Es gab feste Pläne, die Intelligenz der Tschechen zu vernichten und den Rest später praktisch als Sklaven zu halten."

Die „Singer Villa"
(Foto: Edmund Stern)

In dem abgelegenen Waldstück parken einige Autos, die Trauernden reden kaum, die Begrüßungen sind ruhig und leise, die Soldaten würdigen den Anlass durch ein einfaches Zeremoniell. Wir sind die einzigen Deutschen. (Foto: Herbert Pöhnl)

Die Gedenkstätte Luby

„Deshalb warst Du bisher, wenn wir durch Luby fuhren, so schweigsam."

„Die Gedenkstätte liegt abseits und nur sehr wenige Deutsche wissen davon."

„Ich möchte den Platz trotzdem sehen."

Wir biegen links in Richtung des kleinen Bahnhofs ab und kommen an eine gesperrte Forststraße. Doch wir fahren weiter und bleiben an einem kleinen Parkplatz stehen. Ein Schild weist auf die Gedenkstätte hier im „Verbrannten Wald" hin.

Einmal im Jahr kommen Angehörige um der Opfer zu gedenken.

Aus der Erschießungsstätte ist eine Gedenkstätte geworden. Sie ist schwer zu finden, sie wirkt unspektakulär, und doch erschüttert, was sich hier ereignet hat. Alljährlich wird in einer kleinen Gedenkfeier an das Drama erinnert, typisch für die Tschechen, die der schrecklichen Ereignisse im damaligen „Protektorat" anders als wir und nachhaltig gedenken.

In dem abgelegenen Waldstück parken einige Autos, die Trauernden reden kaum, die Begrüßungen sind ruhig und leise, die Soldaten würdigen den Anlass durch ein einfaches Zeremoniell. Wir sind die einzigen Deutschen.

Eindrucksvoll ist, dass auch Schulklassen anwesend sind. Und dass sich die Jugendlichen so ruhig, so konzentriert verhalten, das überrascht.

Dann ist das Gedenken zu Ende, ohne Reden, ohne administratives Zubehör, die Kränze und Blumen sind niedergelegt, die Fahnen gesenkt. Das Gelände leert sich allmählich, Kurzgespräche und Abschiede dominieren. Wir verlassen als letzte die Gedenkstätte Luby. Sie fällt wieder zurück in eine merkwürdige, vielsagende Stille und Würde.

Mlazovy

„Komm, schauen wir heute noch nach „unserer" Ausstellung in Mlazovy! Es ist nicht weit, nur einige Minuten. Da kommen wir weg von den traurigen Gedanken."

Vaclav Fiala hat eine ganz normale Bushaltestelle in der Pampa zu einer Galerie umfunktioniert. Es ist die kleinste Galerie in Tschechien, wenn nicht in ganz Europa. Und wir dürfen als zweite ausstellen.

Ein Querschnitt unserer Fotos ist auf stabile Platten aufgedruckt und diese sind im Inneren des Bushäusls aufgehängt.

Wir haben versucht, das Verbindende zu zeigen, aber auch Fotos von für uns Neuem, Ungewohntem vom Nachbarn.

„Stell Dir vor, wie viele Genehmigungen bei uns nötig wären. Niemand sieht hier in solch einer multifunktionalen Haltestelle Probleme", stellt Edmund fest.

Vaclav Fiala hat eine ganz normale Bushaltestelle in der Pampa zu einer Galerie umfunktioniert. Es ist die kleinste Galerie in Tschechien, wenn nicht in ganz Europa. (Foto: Edmund Stern)

(Foto: Vaclav Fiala)

Bürgermeister Josef Bejvl vor dem imposanten gotischen Turm (Foto: Herbert Pöhnl)

Čachrov

Josef Bejvl

Zurück nehmen wir die breitere E 53. Auf der Fahrt nach Hause fällt das unscheinbare Dorf Čachrov kaum auf. Es liegt auf einer Anhöhe, die Europastraße durchschneidet es brutal. Aber der imposante gotische Turm zieht die Blicke an.

Josef Bejvl ist Bürgermeister von Čachrov mit 495 Einwohnern:

„Das mittelalterliche Gebäude ist in Privatbesitz. Sicher die Dominante meiner Gemeinde. Wir haben hier aber auch ein privates Draisinenmuseum."

Gleich an der Hauptstraße, neben dem Gedenkstein an Jan Hus, halten wir. Über den Gartenzaun fragen wir einen freundlichen Herrn nach dem Museum. Wir sind gleich an der richtigen Adresse.

Václav Záhradka und das Draisinenmuseum

„Hallo, ich bin Václav Záhradka. Kommen Sie herein, ich zeige Ihnen mein Privatmuseum."

Wir erfahren, dass er ein ehemaliger Bahnbediensteter ist und dass er auf seinem Grundstück einen kleinen Lokschuppen, ein Stück Bahngleis und etliche fahrbereite Draisinen hegt und pflegt.

„Warum in Čachrov , wo weit und breit keine Bahnstrecke vorbei führt."

„Zunächst war ich von Beruf bei der Tschechischen Staatsbahn, auch jetzt in der Rente noch Eisenbahner mit Leib und Blut. Was aber viele nicht wissen, als damals die Bahnlinie Pilsen – Eisenstein geplant wurde, gab es auch in der Planung die östliche Variante über Čachrov. Doch letztendlich entschied man sich für die heute noch existierende Trasse mit dem Spitzberg-Tunnel."

„Ist es nicht schade, dass nicht mehr Leute diese Sammlung bewundern?"

„Ich bin mit meinen Freunden und in alten Uniformen oft bei Jubiläen oder Feiern mit den Draisinen unterwegs. Auch in etlichen Filmen sind meine Schmuckstücke zu sehen."

Wir sitzen noch eine Weile inmitten des gepflegten Gartens und der tollen Miniatureisenbahn beim Bier und bedanken uns für die Gastfreundschaft.

„Weißt Du Herbert, dieser ‚Wegweiser' an der Mauer überdauerte die letzten 40 Jahre und erinnert mich immer an die Radtouren mit Visum und etlichen Kontrollen. Das bedeutet auch Čachrov für mich", meint Edmund.

Václav Záhradka auf einer Draisine (Foto: Herbert Pöhnl)

Velhartice

Auch im nahen Velhartice empfängt uns bei der Durchfahrt diese Mischung aus uralter Bausubstanz, Häusern, die scheinbar seit hundert Jahren im Dornröschenschlaf liegen, einiges typisch Sozialistisches und auch schon grelle Attribute ‚moderner Zeiten'.

Die Burgruine Velhartice

Die Burgruine ist ein Touristenmagnet, mittlerweile merkt man das an einer allmählich entstehenden Gastronomie im Ort. Einzigartig ist die Kombination von romanischen Rundsäulen mit den gotischen Spitzbögen.

Pfarrer Vendelin Zboron

Wir sind vom Pfarrer Vendelin Zboron eingeladen. Er betreut fünf Böhmerwaldorte mit wenig Kirchgängern. Er kommt daher viel herum, kennt seine treuen Gläubigen gut und so haben wir ihn vor einiger Zeit in Železná Ruda bei einer grenzüberschreitenden Wallfahrt getroffen. Er ist stolz auf die Kirche in Velhartice, denn sie ist uralt. Romanisch im 13. Jahrhundert erbaut, später gotisiert, der Tabernakel soll aus der Bauzeit stammen und die Kirche hat weit und breit die einzige Alarmanlage.

Pfarrer
Vendelin Zboron
(Foto: Herbert Pöhnl)

Die Burgruine Velhartice (Foto: Herbert Pöhnl)

Die Kneipe ‚Pentagon' von Kateřina und Martin Rezniček

Aber Edmund hat noch eine Frage an Vendelin Zboron:

„Bei der Herfahrt ist mir eine Kneipe aufgefallen. Im Schaufenster sah ich Helme, Munition und ähnliches. Was hat das zu bedeuten?"

„Ja, das ist die Kneipe ‚Pentagon'."

„Sind hier Neonazis?"

„Das Lokal nennt sich ‚Osvežovna', das bedeutet ‚Erfrischungen'. Sind halt Städter, aber harmlos."

Edmund: "Erinnert mich an meine Kindheit, wo in einem Micky Maus Heft ein böser Wolf immer die kleinen Schweinchen fressen will. Er betreibt in einer Geschichte auch einen Laden mit der Aufschrift ‚Ede Wolf – Getränke und Dynamit'."

„Da könnt ihr schon reinschauen, wenn geöffnet ist. Sie haben viele Biersorten und machen gute utopenci[1]."

Man braucht schon Mut, allein das gruselige Inventar schreckt ab! Nichts für Ängstliche – also etwas für uns. Wir erfahren, dass die Wirtsleute Kateřina und Martin Rezniček aus Prag meistens an Wochenenden offen haben. Das Lokal sei ihr Hobby und Martin interessiere sich für diese Art von Pyrotechnik. Alle Exponate seien eigentlich Metallschrott, der gesammelt wurde.

„Martin ist halt ein Außerirdischer", fügt Kateřina lachend hinzu.

Aus der Küche kommt der Hausherr, der wissen will, welche komischen Gäste da hereingeschneit sind. Edmund kann einige Dekowaffen identifizieren, fragt auch nach anderen Details. Martin taut auf und beide fachsimpeln dann weiter über Bier, hauptsächlich über unser mitgebrachtes.

1 Utopence - eingelegte Wurst auf tschechische Art

50
ZDE PIJE, SNÍ A PULZUJE
ŠÍŠA
21.ČERVNA 2017

PENTAGON

Er sei kein Skin oder ähnliches. Er gewöhne sich allmählich daran, dass er durch sein Aussehen und seine Vorliebe für ‚Kriegsschrott' sofort in eine bestimmte Ecke gestellt werde. Er sei nicht gewalttätig, lehne dies als Problemlösung ab. Dann nimmt er uns mit nach draußen.

Kateřina Rezničeková im Pentagon (Foto: Herbert Pöhnl)

Kateřina und Martin Rezniček und das Pentagon (Foto: Herbert Pöhnl)

„Das sind die größten russischen Mörsergranaten. Auf Russisch nennt man sie ‚Tjulpan', was ‚Tulpe' heißt."

Es gibt sie also, die ‚Blumen des Bösen'. In einem Böhmerwalddorf werden wir daran erinnert.

Bayerisch Eisenstein

Bald erreichen wir wieder Bayerisch Eisenstein und fahren hoch zur imposanten Bahnstation. Es ist dies einer der ganz wenigen Bahnhöfe, durch die eine Staatsgrenze verläuft. Der östliche Teil war böhmisch, der westliche bayerisch. Ab 1918 wurde der östliche Flügel tschechoslowakisch, der andere deutsch, ab 1938 war der ganze Bahnhof reichsdeutsch. Dann ab 1945 trennte man wieder in tschechoslowakisch und deutsch. 1993 blieb ein Teil wie bisher deutsch, der andere tschechisch, aber offen als Umsteigebahnhof.

Der gleiche Bahnhof wurde also im Laufe der Zeit, wie viele Menschen auch, Spielball der Grenze und der Politik. Europa könnte hier stattfinden und diese Grenzhysterie beenden. Ein Traum?

Bürgermeister Michael Herzog

Die Eisenbahn verbindet München und Prag seit 1870. Der Bahnhof, der von der Grenze schräg mittig durchschnitten wird, ist jetzt

Der Bürgermeister von Bayerisch Eisenstein Michael Herzog zeigt auf, wie riesig der Bahnhof ist (Foto: Herbert Pöhnl)

Schöffel

ein Symbol der Öffnung, der Begegnung, er entsprach und entspricht gemeinsamen Interessen.

Hartwig Löffelmann vom Naturpark Bayerischer Wald ist hier der Hausherr:

Hartwig Löffelmann (Foto: Herbert Pöhnl)

„In der Zeit des „Eisernen Vorhanges" waren hier keine Zugverbindungen mehr möglich. Der Naturpark Bayerischer Wald erwarb 1997 das zum Verkauf anstehende Gebäude auf deutscher Seite, renovierte und baute erfolgreich um. Jetzt kann man zwar dort keine Fahrkarten mehr kaufen, aber es entstand unter anderem ein Skimuseum, ein Eisenbahnmuseum, eine Naturpark, - und Fledermausstation, ein binationales Infozentrum und der ehemalige Wartesaal 1. Klasse , im Original erhalten, ist sogar bewirtschaftet. Unter dem Dach wurde eine große Modellbahnanlage aufgebaut."

„Wäre anstelle „Grenzbahnhof" nicht der Name „Europabahnhof" treffender, programmatischer?"

Löfflmann: „Das ist richtig. Aber quasi als Markenzeichen benutzen wir den Namen ‚Grenzbahnhof' schon länger, so werben wir auch um Besucher. Leider läuft es momentan nicht rund mit der Harmonisierung der Fahrpläne mit der Tschechischen Staatsbahn und der Waldbahn. So richtig europäisch sieht anders aus."

Vorstand Heinrich Schmidt (links) und Hartwig Löfflmann (Foto: Naturpark Bayerischer Wald)

Dešenice 2012

M.J.hus

FÜHREN

Galerie
AUTOBUSOVÁ
ZASTÁVKA
VÝSTAVA
HERBERT
PÖHNL
EDMUND
STERN

(Fotos: Edmund Stern und Herbert Pöhnl)

Impression

Das Atomkraftwerk Temelín (Foto: Edmund Stern)

Kapitel 4

„On The Road" Südböhmen

2020 lautete die Schlagzeile einer bayerischen Lokalzeitung „Gorleben an Bayerns Grenze."

„Wahrscheinlich geht es um die schon seit Jahren geplante Endlagerstätte", meint Edmund.

Herbert: „Muss dann irgendwo im Grenzgebiet sein."

„Lies weiter, es handelt sich hier um das Dorf Chánovice."

„Nie gehört. Dann musst Du aber schon bei Deinen Wanderungen vorbeigekommen sein."

„Zu Fuß nicht. Aber bei einer strammen ganztägigen Radtour zufällig schon."

„Also nicht an der Grenze?"

„Für mich nicht einmal im Böhmerwald."

„Das schauen wir uns an. Bitte rufe den Bürgermeister an, ob er sich für uns Zeit nehmen möchte."

Wir bekommen einen Termin und mit Dampfbier an Bord rollen wir über Železná Rudá, Hartmanice nach Sušice. Weiter nach Rabí, dann nach Horažďovice und Velký Bor. Hier sind es noch 5 km zum Ziel. Von einer Grenze ist schon seit über einer Stunde nichts mehr zu sehen.

Bürgermeister Petr Klásek Černický (Foto: Herbert Pöhnl)

Chánovice

Bürgermeister Petr Klásek Černický

Dafür parken wir in einem typisch böhmischen Dorf mit der Kirche in der Mitte, großen Linden und von der Weite grüßt ein sauber renoviertes Schloss mit entsprechend gepflegtem Park.

Bürgermeister der 745 Einwohner ist Petr Klásek Černický. Lässig gekleidet mit Bart und langen Haaren scheint er etwas aus der Zeit geraten zu sein. Sein Büro ist mit lokalen Bildern von verschiedenen Künstlern geschmückt und zeugt von der Heimatverbundenheit des schon wiederholt gewählten Gemeindevorstehers.

So wie er uns das Dorf erklärt und wie er sich auf dem Rundgang bewegt, scheint er nicht nur fest verwurzelt, sondern auch bestens vorbereitet zu sein, was künftige Pläne betrifft.

„Hier haben wir das Schloss, in dem Schule und Kindergarten, aber auch Heimatmuseum und Veranstaltungssaal untergebracht sind."

„Alles ist gut in Schuss. Wovon leben die Menschen?" wollen wir wissen.

Chánovice, Friedhof und im Hintergrund die Fabrik (Foto: Herbert Pöhnl)

Bürgermeister Petr Klásek, Černický (Foto: Herbert Pöhnl)

„Hauptarbeitgeber ist das große Holz- und Fertigbauwerk am Ortsende. Dadurch konnte ich nicht nur Familien am Wegziehen hindern, sondern auch neuen Zuzug erreichen. Unser Kindergarten hat Bestand."

„Wie sieht es mit Lärm und Umweltbelastung aus?"

„Hier handelt es sich um einen deutschen Investor, der sich immer darum bemüht, nachhaltig zu produzieren. Auf einer gut ausgebauten Straße wird beim Transport der Dorfkern nicht passiert."

Wir stehen jetzt am Friedhof und sehen hinab auf das umfangreiche Werk.

„Hier möchte ich Euch ein besonderes Grab zeigen. Der ehemalige Schlossbesitzer wurde ausgesiedelt. Nach der Wende bekamen die Erben ihr Eigentum nicht zurück."

„Ich weiß, dafür gibt es gesetzliche Voraussetzungen in Tschechien, die anscheinend nicht erfüllt wurden."

„Trotzdem besuchen die Nachkommen Schloss und Friedhof. Ich habe fast ein freundschaftliches Verhältnis mit ihnen. Zusammen pflegen wir nämlich die Grabstätte.

Das Freilichtmuseum ist Teil des Tourismuskonzepts. Holzbauten wurden früher durch die bekannten Chánovicer-Zimmerleute erstellt und auch heute hat das moderne Dorf quasi die Tradition fort geführt."

Ein atomares Endlager?

Zurück am Rathaus fragt uns Petr: „Und über die Endlagerstätte wollt Ihr nichts wissen? Ich bin zugleich auch Chef der lokalen Protestaktion."

„Natürlich. Wie wahrscheinlich ist es, dass alles, was Du mit aufgebaut und geplant hast, einem hunderte Hektar großen Endlager geopfert wird?"

„Da es vor allem unter der Erde gebaut werden soll, werden sich die Planer bestimmt am Granit die Zähne ausbeißen."

„Du gehst davon aus, dass Euer Protest gehört wurde und dass die Realisierung wahrscheinlich noch in sehr weiter Entfernung liegt."

„Ich bin zuversichtlich, dass Chánovice kein Gorleben wird. Euer Dampfbier werde ich gerne probieren, wenn es kühl genug ist. Zum Abschied bekommt Ihr von mir einen Fotoband über die zahlreichen historischen Brauereien im Klattauer Gebiet. Herausgegeben von meiner Gemeinde und erstellt von Jan Jirak."

Auf der Rückfahrt lesen wir nochmals die zwei Zeitungsausschnitte über Chánovice. Das Foto vom Ort stammt aus der gleichen Bildagentur. Kein Interview mit dem Bürgermeister. Auch nicht mit amtlichen Stellen. Ein leider üblicher Artikel. Sicher ist ein atomares Endlager problematisch und kein wünschenswertes Ortsattribut. Aber wichtiger scheinen hier Schlagzeilen zu sein.

Motorräder mit Elektromotor sind im Nationalpark (noch) erlaubt (Foto: Herbert Pöhnl))

Viele Vorurteile und feste, aber unreflektiert übernommene Meinungen, besonders was unsere tschechischen Nachbarn betrifft, begleiten uns seit Jahren und tragen nicht zur Vertrauensbildung bei. Menschen sollten miteinander sprechen und nicht übereinander.

Mader/Modrava

Bürgermeister Antonin Schubert

Wir sind bald wieder im tiefen Böhmerwald, genauer in dem kleinen Dorf Modrava. Vor dem Rathaus, zugleich Infozentrum, macht sich gerade eine Gruppe mit E-Motorrädern fertig zu einer Fahrt.

Bürgermeister Antonin Schubert können wir gerade noch sprechen:

„Tondo, wohin geht die Reise?"

„Wir machen einen kleinen Ausflug Richtung Mittagsberg".

„Das sind ja richtige Motorräder mit Elektromotor."

„Null Emissionen. Bis jetzt noch erlaubt im Nationalpark."

„Bevor Du Bürgermeister wurdest, hast Du hier als Förster gearbeitet."

„Bis 1987 konnte ich mit Passierschein in den Wäldern im Grenzstreifen arbeiten. Das war direkt am „Eisernen Vorhang. Der Schrecken für die Einwohner und die Grenzsoldaten waren die Mitglieder der

Mader/Modrava um 1917 (Archiv Ohetaler-Verlag)

militärischen Spionageabwehr, Teil der kommunistischen Staatssicherheit (StB)".

„Was waren das für Menschen?"

„Das waren Fanatiker, sie hatten ein Netz von Spitzeln und konnten ohne Skrupel das Leben von Menschen vernichten. Man entzog mir 1987 den Passierschein, ich konnte nicht mehr wie gewohnt arbeiten und musste wegziehen. Meine Ehe scheiterte. 1992 ging ich zurück nach Modrava und wurde Bürgermeister."

Vimperk

Das nächste Ziel ist die Stadt Vimperk, bekannt durch Glas und Buchdruck. Oben thront die Burg, sie und bewachte einst den Handelsweg von und nach Passau.

Karel Hrunek

Karel Hrunek, Betreiber einer Kaffeerösterei direkt am Stadtplatz, erklärt uns die Schaubilder zur Stadtgeschichte, hier die Zeit zwischen den Kriegen.

Bürgermeisterin Jaroslava Martanová

In seiner Rösterei treffen wir die Bürgermeisterin Jaroslava Martanová zu einem Gespräch über die jährliche Literaturveranstaltung und eine eventuelle Ausstellung. Sie berichtet über die Stadtgeschichte, das Jahrhunderte alte Glashandwerk und die bekannte Druckerei Steinbrener in der Stadt am „Goldenen Steig", dem Handelsweg von Bayern nach Böhmen und zurück. Weder Glas noch das Druckgewerbe spielen heute eine Rolle. Ob der Handel über den nahen Grenzübergang Strážný nicht eher verkehrsmäßig eine Belastung ist?

Karel Hrunek erklärt die Schaubilder der Stadtgeschichte (Foto: Herbert Pöhnl)

Karel Hrunek und Bürgermeisterin Jaroslava Martanova (Foto: Edmund Stern)

Martin Sichinger (Foto: Edmund Stern)

Martin Sichinger

Ein mit seiner Geburtsstadt noch immer stark Verbundener ist Martin Sichinger. Da er Bücher schreibt, lassen wir ihn sich selbst vorstellen:

„Meine erste Erinnerung an den Westen ist, dass ich als 5-Jähriger aus Versehen auf den Daumen meines jüngeren Bruder trete. Als der Bruder schreit, sehe ich als Lösung nur die Flucht aus meiner Heimatstadt Winterberg zur bayerischen Grenze. So breche ich auf, doch ich werde von meiner Großmutter erwischt.

Ich spielte gerne in der Umgebung der Winterberger Glashütte und eines Tages, zu meinem riesigen Erstaunen, machten große Baumaschinen die Glashütte platt. Dann ging ich jeden Tag über die Trümmerwüste zur Schule und sammelte Scherben. Deshalb schrieb ich später den Roman „Meyrs Glas" über die Winterbergischen Glasmacher, der auch auf Deutsch erschien.

Mit neunzehn glaubte ich nicht mehr daran, den Westen je in meinem Leben zu sehen, und um dem verpflichtenden Militärdienst zu entgehen, studierte ich an der Pädagogischen Hochschule.

Nach dem Fall des Eisernen Vorhangs machte ich eine Wanderung über Bučina (Buchwald) nach Finsterau und war überglücklich. Seitdem habe ich jedes Mal, wenn ich die Grenze überschreite, Tränen in den Augen.

Seit 2010 machte ich regelmäßige Wanderungen im Bayerischen Wald und lernte viele Freunde und Bekannte kennen. Meistens verbringe ich eine Woche in Zwiesel. Ich bin begeistert von den Waldweiden, die in Bayern „Schachten" genannt werden. Im angrenzenden Böhmerwald konnte ich sogar zwei Schachten, den Kasperschachten und Jagdschachten wieder neu entdecken. Auch darüber schrieb ich einen Roman.

Ganz gerne spreche ich deutsch, wenn auch noch mit vielen Fehlern. Aber mein beliebtestes bayerisches Wort ist ‚Woid', das wilder als Wald klingt.

Ich gründete den Verein „Bücher über die Grenze", leite das Programm des Buchfestivals „Šumava Litera", wozu ich gerne deutsche Gäste einlade. Und sie kommen immer!

Ich bin verheiratet, habe drei Töchter, arbeite als Lehrer und lebe halb in Vimperk und halb in Prag. Leider ist mein jetziger Wohnort dem

Untergang geweiht – das Tal von Drahaň, wo bald eine neue Autobahn gebaut werden soll.

Ich freue mich immer auf den Monat Mai und auf meine Wanderungen zum Lusen, weil die Pfade nass sind und das Schmelzwasser von überall her rieselt."

Martin Sichinger wandert gerne im Lusental (Foto: Herbert Pöhnl)

Kubova Huť
NEJVÝŠE POLOŽENÁ ŽELEZNIČNÍ STANICE V ČESKÝCH ZEMÍCH
995m n.m.
Boubín

Die Bahnlinie Vimperk – Lenora

Die Bahnlinie Vimperk – Lenora wurde 1900 fertig gestellt. Hört sich nicht besonders aufregend an. Doch es musste ein Pass überwunden werden, in fast 1000 m Meereshöhe. Sogar ein Bahnhof wurde hier in Kubová Hut‘ erbaut. Bis heute ist diese Bahnlinie in Betrieb, bringt zu jeder Jahreszeit Touristen und Wintersportler hier her. Bürgermeister Zbyněk Klose posiert gerne vor der Kamera am höchst gelegenen Bahnhof Tschechiens.

Bürgermeister Zbyněk Klose (Fotos: Herbert Pöhnl)

Bürgermeisterin Jiřina Kraliková vor dem Casino (Foto: Herbert Pöhnl)

Philippsreut/Strážný

Bürgermeisterin Jiřina Kraliková

Nach Bayerisch Eisenstein/Alžbětín ist es erst viel weiter südlich möglich, nämlich in Philippsreut/Strážný die Grenze mit dem Auto zu überwinden. Die Bürgermeisterin Jiřina Kraliková konnte nach der Wende in einem Betrieb mit den besten Zukunftsaussichten arbeiten – dem großen und modernen Kasino. An ihrem alten Arbeitsplatz dürfen wir sie gerne fotografieren.

Husinec

Jan Hus Denkmal in Husinec (Foto: Herbert Pöhnl)

Jan Hus

Weiter fahren wir südwärts an Prachatice vorbei und in Husinec parken wir am Jan Hus Denkmal. Es ist seine Geburtsstadt. Sicher will er mit der Bibel in der Hand seinen Spruch „Die Wahrheit siegt" untermauern. Das steht sogar auf der Staatsflagge in Tschechien. Doch sein Leitspruch soll eigentlich „Die Wahrheit Gottes siegt" gewesen sein.

Die Siegesgöttin

Dem Navi nach sind wir in der Nähe von Vitějovice.

„Schau, das erinnert mich irgendwie an ein russisches Siegesdenkmal. Die Göttin hält aber weder einen Kranz noch ein Schwert," Herbert deutet nach rechts.

„1945 befreiten die Amerikaner große Teile West – und Südböhmens, etwa auf der Linie Pilsen – Budweis. Sie mussten sich aber dann auf die jetzt noch gültige Westgrenze Tschechiens zurück ziehen."

„Die Siegesgöttin stellt also den westlichsten Punkt Böhmens dar, den die russische Armee befreit hatte."

Im Mai trafen sich hier russische und amerikanische Soldaten mit ihren Generalen I. Makarenko und A.E. Brown, so steht es in Stein gemeißelt.

„Irgendwie hat das Denkmal aber schon bessere Zeiten gesehen."

„Da nach der Wende 1989 das Verhältnis zu Russland stark abkühlte, und die Tschechen die Invasion von 1968 nicht vergessen haben, werden die Denkmäler nicht mehr gepflegt."

Siegesgöttin oder Friedensengel ? (Foto: Edmund Stern)

Písek

Bürgermeisterin Eva Vančurová

Im südböhmischen Písek dürfen wir in der städtischen Galerie ausstellen. Neben den Bildern unseres Projektes „Setkání-Begegnungen“ werden drei Personen und ihr Leben besonders vorgestellt:

Emil Kintzl, Pavel Novy und Honza Kavale.

Eva Vančurová, die Bürgermeisterin wartet schon mit einem Stadtplan auf uns. Sehr gerne hören wir ihr zu:„Die steinerne Brücke, das Wahrzeichen der Stadt gilt als eine der ältesten Steinbrücken Mitteleuropas, ist also älter als die Karlsbrücke in Prag. Gebaut im 14. Jahrhundert war sie lange ein wichtiger Bestandteil einer Handelsstraße.“

Bürgermeisterin Eva Vančurová vor den Kunstwerken aus Sand (Foto: Edmund Stern)

„Zur damaligen Zeit solch ein Bauwerk zu errichten, war schon eine großartige Leistung“, fügten wir anerkennend hinzu.

Die Bürgermeisterin relativiert ein wenig:

„Gebaut wurde auf trockener Erde. Für die Otava wurde nach der Fertigstellung ein neues Flußbett gegraben, der Böhmerwaldfluß wurde also umgeleitet.“

Wir sprechen dann über die Hochwasser, die im Laufe der Jahrhunderte der Brücke zugesetzt haben, auch in jüngster Zeit, und den umfangreichen Sanierungen. Unweit der Stadt verliert der Fluß den Namen – er mündet in die Moldau.

Dann eilt die Bürgermeisterin die Treppe zur Uferpromenade hinunter:

„Jetzt könnt ihr mich vor den Kunstwerken knipsen. Alljährlich gibt es am Ufer Skulpturen aus Sand zu bewundern. Hier der Stadtname in Spiegelschrift.“

„Warum Kunstwerke aus Sand?“ fragt mein Begleiter.

„Die Stadt heißt ‚Písek‘ auf Deutsch ganz einfach ‚Sand‘.“

Riesiege Strommasten verteilen die Energie des Kernkraftwerkes Temelín. Im Hintergrund das Schloss Hluboka (Foto: Herbert Pöhnl)

Budweis

Wir nähern uns der Hauptstadt Südböhmens. Die gigantischen Strommasten verteilen die Energie des Kernkraftwerkes Temelin dessen Abwasser mit Fernwärme Teile von Budweis versorgen soll. Das Schloss Hluboká der Schwarzenbergs leuchtet im Tudor Stil herüber.

Alois Srb und das Bierfest „Goldenes Biersiegel“

Budweis wie Pilsen wetteifern in Tschechien um das Attribut einer Bierstadt. Jährlich organisiert Alois Srb das Bierfest „Goldenes Biersiegel“ auf dem Messegelände von České Budejovice, wo unter anderem die traditionelle Landwirtschaftsausstellung „Nährmutter Erde“, tschechienweit die größte ihrer Art, seit Jahrzehnten ihren Platz hat.

Südböhmischen Universität

Ganz professionell werden die vielen Biere aus über 20 Ländern getestet. Cheforganisator Alois Srb eröffnet das Bierfestival, das vier Tage dauert.

An der Südböhmischen Universität konnten wir viele Bilder aus unserem „Begegnungsprojekt“ ausstellen. Für uns besonders interessant ist

Der Stadtplatz von Budweis (Foto: Edmund Stern)

Cheforganisator Alois Srb eröffnet das Bierfestival, das vier Tagedauert (Foto: Herbert Pöhnl)

Budweis Bürgermeister (Foto: Herbert Pöhnl)

Prodekan Karel Suchy mit seinen Studenten (Foto: Herbert Pöhnl)

die landwirtschaftliche Fakultät, allein schon wegen möglicher Bildmotive. Besonderer Wert wird auf die Praxisausbildung gelegt. Es gibt hochschuleigene Stallungen von Pferden bis Geflügel, in denen die Studierenden mitarbeiten„Přesticer Schweine“.

Abfischen im Herbst

An der Landwirtschaftlichen Fakultät an der Uni Budweis gibt es auch einen Schwerpunkt Teichwirtschaft.

In dem landwirtschaftlich geprägten Südböhmen gibt es die meisten Fischteiche Tschechiens. Mit 424 ha Wasserfläche ist der Teich „Bezdrev“ bei Hluboká der drittgrößte im Land. Es finden sogar Segelregatten und anderer Wassersport darauf statt.

Ende Oktober/Anfang November wird abgefischt. Wir wollen uns dieses Schauspiel nicht entgehen lassen. Der Leiter der GmbH „Fischteiche Hluboká“, Vladimir Kaiser gibt uns bereitwillig Auskunft:„Gebaut wurde Bezdrev innerhalb von drei Jahren von 1490 bis1492“.

„Welche Fische werden gezüchtet?“

„Hauptsächlich Karpfen, Schleien, Welse und Hechte.“

„Wie muss man sich das Abfischen vorstellen?“

Zum Abfischen kommen Besucher aus der gesamten tschechischen Republik und aus dem Ausland (Foto: Herbert Pöhnl)

„Natürlich sehr arbeitsintensiv. Frühmorgens werden die Netze ausgebracht. Dann werden die Fische in die Fangnetze getrieben. Auch durch Klatschen mit langen Stangen ins Wasser vom Boot aus."

„Wie geht es dann weiter?"

„Am Ufer wartet dann schon die ganze Mannschaft mit Hebenetzen und Förderbändern. Die Fische müssen, so schnell es geht, sortiert und weiter bearbeitet werden. Entweder zum sofortigen Verkauf, oder meistens werden sie noch in ein Abklingbecken transportiert."

„Um sie geschmacklich noch zu verbessern?"

„Ja. Aber das Ganze ist auch ein Ereignis, das sich viele Zuschauer nicht entgehen lassen."

Wir sehen die Brotzeitstände und Musikkapellen. Als Delikatesse gilt eine frisch zubereitete Fischsuppe, die aber leider schon aus ist, als wir vorbeischauen.

Vladimir Mráz

Vladimir Mráz (Foto: Herbert Pöhnl)

Der gelernte Teichwirt und spätere Unternehmer Vladimir Mráz, der Seniorchef der Firma MrázAgro wartet im nicht weit entfernten Blatná auf uns. Der Verwaltungssitz ist hier, seine Werke befinden sich in Tschechien und anderen Ländern. Er verarbeitet hauptsächlich Brauereirückstände zu proteinreichen Futtermitteln.

Wir steigen zu ihm ein, und verschwinden fast in dem riesigen Geländewagen, aber wir können so auf allen Pisten zu seinen landwirtschaftlichen Flächen gelangen. Stolz zeigt er auf Fischteiche, Wildgatter, Wald und einen ehemaligen Störsender, Radomyšl Výsilač. Die hohe Antenne ist entfernt, aber die relativ großen massiven Sendegebäude und die Umzäunung zeugen noch von der damaligen Wichtigkeit der Anlage. Dort, wo jetzt Hirsche grasen, befand sich gewissermaßen ein wichtiger Schauplatz des ideologischen Kalten Krieges. Wenn von den Mittelwellensendern Radio Free Europe oder AFN Nachrichten zur vollen Stunde nach Osten ausgestrahlt wurden, kam ein lautes Zwitschern und Knattern aus den Lautsprechern, das bis zum Ende der Meldungen andauerte. Dann konnten wir unsere Lieblingsmusik wieder genießen-bis zur nächsten vollen Stunde. Wir waren treue Hörer der amerikanischen Sender, denn der Bayerische Rundfunk hatte zwar die bessere UKW-Technik, aber wir wollten damals nicht deutsche Schlager oder ähnliches hören.

Natürlich sind wir neugierig, wie er sein Imperium aufbauen konnte:

„Vlado, womit hast Du angefangen?"

„Ich machte eine ganz normale landwirtschaftliche Lehre als Teichwirt. Von Kind auf war ich begeistert von Fischen, Wild und Landwirtschaft."

„Dann begann Deine unternehmerische Tätigkeit erst nach der Wende?"

„So um 1994 gründete ich meine erste Firma. Ich wollte die „Abfälle“ der Brauereien den Trester, oder ihr Bayern sagt auch Trebern, zu hochwertigen Futtermitteln verarbeiten. Das war und ist mein Geschäftsmodell.“

„Inzwischen bist Du führend, was diese Technologie betrifft.“

„2002 entstanden meine Fabriken in Pelhřimov, 2004 kaufte ich den Sender und gründete die MrázAgro GmbH. Mein Sohn kümmert sich um die Ausweitung, Vermarktung und Optimierung. Wir sind mittlerweile auch im europäischen Ausland tätig und verarbeiten über 200.000 Tonnen Biertrester.“

„Ist Dir jetzt nicht langweilig?“

„Ich bin leidenschaftlicher Jäger und Fischzüchter. Im Laufe des Lebens habe ich etliche Qualifikationen und Prüfungen nachgeholt. Mir wurde nichts geschenkt. Ich freue mich immer, wenn ich mit Freunden und Bekannten zusammen feiern kann. „Deine Firma in Blatná ist eigentlich nur der Verwaltungssitz.“

„Freilich. Die modernsten Anlagen stehen weiter östlich.“

Herzlich werden wir verabschiedet, für das bayerische Bier bekommen wir einige geräucherte Fischspezialitäten aus seinen Teichen mit auf den Heimweg.

Vladimir Mráz (Foto: Herbert Pöhnl)

Tábor

Jiři Fišer

Keine Stadt in Tschechien ist so mit den Hussiten verbunden wie Tábor.

Damals im 15. Jahrhundert mag sie dem Namen nach zwar nicht der Nabel der Welt, aber sicher das Zentrum dieser Glaubensbewegung gewesen sein. Damals neu war auch der Bau eines örtlichen Staudamms, der passend „Jordan" genannt wurde.

In dieser Stadt, bestimmt eine der schönsten Böhmens, waren wir schon Gast bei einem früheren Bierfestival und gerne machen wir wieder Rast. Der ehemalige Bürgermeister, Jiři Fišer, jetzt noch Stadtrat und Bezirksrat in Budweis, stellt uns stolz „sein" Tabor vor. Er hat eine interessante Vita auch als Radrennfahrer, Triathlet und Rock-Gitarrist.

Tabor Bürgermeister Jiři Fišer (Foto: Herbert Pöhnl)

Der mittelalterliche Stadtkern ist bestens erhalten und der hussitische Feldherr Jan Žižka begegnet dem Besucher nicht nur am großen Stadtplatz. Die historische Bausubstanz ist entweder noch sehr gut erhalten oder perfekt renoviert. Jiri weiß um die wirtschaftliche Bedeutung des Tourismus für diese Stadt und für seine Bewohner und zählt einige Besonderheiten wie die vollkommene unterirdische Infrastruktur mit Gängen, Treppen und Durchgängen auf. Diese Art von Stadtführungen ist oft der Grund für einen Besuch.

Für Eisenbahnfreunde ist die Bahnstrecke Tabor – Bechyně interessant, es handelt sich hierbei um die erste elektrifizierte Vollbahn im damaligen Österreich-Ungarn, die bereits 1903 in Betrieb ging.

Ein dicht gefüllter Veranstaltungskalender mit Theater, Festivals, Musik-veranstaltungen und Ausstellungen, im Infozentrum sehr gut beworben, macht uns neugierig auf ein Wiederkommen. Vielleicht dürfen wir einmal unser ‚Begegnungen-Setkání' Projekt vorstellen.

Wir gehen den Stadtplatz zur Kirche hoch und biegen in ein schmales Gässchen nach Osten. Ganz unten glänzt der Jordan in der Mittagssonne, links finden wir bald zwischen den uralten niederen Häusern und dem Kopfsteinpflaster die Jazz-Kneipe von Karel Kobližka „Jazz Gallery Charley".

Der Prager Frühling

Karel Kobližka

Edmund kramt in seiner Vergangenheit:

„Herbert, als ich im Sommer 1968 mit einigen Kameraden in einem klapprigen Volkswagen Käfer zum ersten Mal überhaupt böhmischen Boden betrat, war die damalige Tschechoslowakei auf dem besten Weg zu einem Sozialismus mit menschlichem Antlitz. In Prag konnten wir westliche Zeitungen kaufen, normal wurden diese den Reisenden schon bei der ersten Grenzkontrolle weggenommen."

„Gab es da keine Kontrollen mehr?" will Herbert wissen.

„Wenn man über Österreich einreiste, genügte nur der Reisepass und ein Foto für das Visum. Außerdem gab es noch keinen Übergang in Bayerisch Eisenstein."

Natürlich gäbe es noch viel zu berichten über den „Prager Frühling" und vor allem über sein jähes Ende. Aber entscheidend war das damalige Treffen mit Studenten. Am Wenzelsplatz in Prag konnte frei musiziert werden. Einer spielte das Lied „The year that Clayton Delaney died" so perfekt, dass wir ihn später gern zu einem Bier einluden. Ein mitreisender Freund sprach Tschechisch und so fachsimpelten wir über amerikanische Musik im Allgemeinen und den Liedautor Tom T. Hall im Besonderen, wobei ich überrascht war, wie intensiv westliche moderne Musik im „rückständigen" Ostblock verbreitet war. Dann tauschten wir Adressen. Wir verabschiedeten uns mit dem Wunsch auf ein gutes Gelingen der Reformen, wobei unsere tschechischen Freunde sehr skeptisch reagierten. Einige Wochen später war der Traum von Freiheit und Menschlichkeit vorbei. Karel, der Gitarrist, konnte das Land verlassen, wurde dann in Wien interniert, besuchte mich kurz in Zwiesel und war für die nächsten 40 Jahre für mich verschwunden.

Aber lassen wir lieber Charley/Karel Kobližka erzählen:

„Seit meiner Kindheit war Musik meine Leidenschaft. Die Radiostationen AFN Munich, Radio Free Europe oder The Voice of America brachten die besten Lieder zu mir. Das Jahr 1968 war eine Zeit der großen Hoffnungen und dann entstand nur noch Hass auf die Russen. Ich fasse kurz zusammen, was ich alles gemacht habe:

In der Bundesrepublik begann ich als Fabrikarbeiter, Hilfsarbeiter und Verkaufsfahrer. Du musst wissen, ich war dann in den Niederlanden, in Paraguay, Brasilien, der Schweiz und Österreich, bis ich 1993 wieder nach Hause zurückkam. Zuletzt war ich im Ausland in meinem gelernten Beruf als Ingenieur in verschiedenen Büros tätig."

„Wenn wir dich nach dem jetzigen Leben frage:"

„Verschieden, hauptsächlich Musik."

Karel Kobližka (Foto: Edmund Stern)

Karel untertreibt, er gibt Musikunterricht, betreibt ein Jazzlokal, ist ein international gesuchter und erfolgreicher Musiker, hat Bücher geschrieben ...

Wir könnten noch endlos weiter erzählen, doch auf meinen Wunsch spielt er zum Abschied das Lied von damals.

Sudomeř/Čejetice

Bürgermeisterin Ivana Zelenková

Für den hussitischen Feldherrn Jan Žižka wurden in der Tschechoslowakei etliche, auch sehr monumentale Denkmäler errichtet. Das bekannteste ist das Reiterstandbild in Prag im Stadtteil Žižkov, weiter in Tabor am Stadtplatz, dann an seinem Geburtsort in Trocnov und in Sudomeř nicht weit von Pisek. In Rabi, wo Žižka sein zweites Auge verlor, steht ein eher unscheinbares Monument. Žižka war eine Symbolfigur der „nationalen Wiedergeburt" des tschechischen Volkes. Darunter versteht man die Loslösung von Österreich-Ungarn, sprich von der Habsburger Herrschaft. Das geschah erst nach dem Ersten Weltkrieg.

Heute begleitet uns die Bürgermeisterin von Čejetice, Ivana Zelenková, hinaus auf das ehemalige Schlachtfeld von 1420. Hier wurde 1925 ein 25 m hohes Denkmal aus Steinblöcken errichtet.

Die Burgruine Rábi (Foto: Edmund Stern)

Der einäugige Feldherr hält die typische Kampfkeule der Hussiten. Alljährlich wird am Denkmal gefeiert, werden Kränze niedergelegt und es kommen Hunderte von Touristen.

Da das Denkmal in ihrer Gemeinde liegt, zeigt sie uns stolz die Abfallbehälter mit dem roten Kelch, dem Hussitensymbol.

„Seit ich diese Symbole angebracht habe, werfen die zahlreichen Besucher weniger Müll in die Natur. Scheinbar respektiert man die hussitische Vergangenheit," sagt sie nicht ohne Stolz.

Jan-Žižka-Denkmal mit der Kampfkeule

Abfallbehälter mit dem roten Kelch, dem Hussitensymbol (Fotos: Herbert Pöhnl)

Auch erweist sie sich als Kennerin der hussitischen Kriegsführung:

„Žižka hält die Kampfkeule, ‚palcat' genannt, in der Hand. Eine typische damalige Kriegswaffe. Außerdem waren die Hussiten erfolgreich mit der modernen Defensivtaktik, der sogenannten Wagenburg. Wir kennen diese Art der Verteidigung aus den Westernfilmen, wobei sich die Siedler mit dieser bei uns vor Jahrhunderten entwickelten Methode gegen die Indianer zur Wehr setzten."

„Spejbl" und „Hurvinek"

Die rührige Gemeindevorsteherin möchte uns noch etwas „Interessantes" im nahen Dorf zeigen.

Vor der ehemaligen Schule stehen „Spejbl" und „Hurvinek".

„Sind die bekannten Figuren etwa wegen der Kinder hier aufgestellt?", fragen wir.

„Nicht nur, hier ging nämlich der Schöpfer dieser Marionetten, Josef Skupa, zur Schule. Nach der Entstehung der international bekannten Puppen 1919, gründete Skupa ein Theater in Pilsen, das nach1945 nach Prag übersiedelte. Heute findet Ihr das Theater in der Nähe des

Bürgermeisterin Ivana Zelenková mit „Spejbl" und „Hurvinek" (Foto: Herbert Pöhnl)

Siegesplatzes in Prag, wegen des riesigen Kreisverkehrs auch „Kulaťák“ („der Runde“) genannt.“

Nebenbei erfahren wir, dass das blitzsaubere Dorf Čejetice vom Bezirk Südböhmen mit dem Preis „Dorf des Jahres“ ausgezeichnet wurde.

Lety

Lety – Gedenkstätte

Nahe am bekannten Schwarzenbergischen Schloss Orlík mit den Tausenden von Besuchern liegt an der Hauptstraße die Ortschaft Lety. Abseits im Wald h+at der Tschechische Staat erst nach der Wende 1995 begonnen, der ermordeten Sinti und Roma zu gedenken. Zu lange existierte weiter auf dem Lagergelände und dominierte es - ein Betrieb mit Schweinezucht. Es entstand erst spät eine Erinnerungsstätte zu der sich wenige Menschen verirren.

Josef Volf

Die Abschaffung der Schweinefarm in Lety sei für das teure Fleisch verantwortlich, behauptete der Kommunistenführer Filip noch 2019. An einem Regentag im August treffen wir Josef Volf am Modell des Lagers.

Sein Arbeitsplatz ist die Gedenkstätte am ehemaligen ‚Zigeunerlager Lety‘. Es wurden Baracken nachgebaut, auch das Innere wurde so ausgestattet wie es ursprünglich war. Auch Fotos und Dokumente werden

Josef Volf am Modell des Lagers

Gedenkstätte am ehemaligen ‚Zigeunerlager Lety‘. (Fotos: Herbert Pöhnl)

den Besuchern gezeigt. Seit 2018 wird diese Stätte vom Museum für die Kultur von Sinti und Roma in Brünn verwaltet.

„Wie wurde nach Kriegsende bis zur Wende 1990 der Opfer gedacht?"

„Erst 1995 enthüllte Vaclav Havel hier am Ort des Massengrabes einen Gedenkstein. Die Schweinefarm wurde erst 2018 aufgelöst."

„Wie viele Opfer liegen hier?"

„Es starben 326 Menschen an einer Typhus-Epidemie, davon waren 241 Kinder."

„Was geschah mit den Überlebenden?"

„540 Sinti und Roma kamen grausam in den Gaskammern von Auschwitz ums Leben. Zwei Sondertransporte wurden von Lety aus dorthin geschickt. Über 90 Prozent der indigenen Bevölkerung des damaligen sogenannten Protektorats überlebten die ‚Endlösung der Zigeunerfrage' nicht."

„Vielen Dank für Deine Erklärungen und auch für Dein Engagement. Schau, hier kommt noch ein Besucher!"

„Dieser Mann bringt regelmäßig Blumen für seinen hier umgekommenen Großvater."

Gypsies, tramps and thieves

We'd hear it from the people of the town

They'd call us all gypsies, tramps and thieves…

Cher

Dieses Lied wies weltweit auf die Diskriminierung des „Fahrenden Volkes" hin. Und bis heute haben die Tschechen mit funktionierenden Integrationsmodellen nicht so rechten Erfolg.

Da wir nur eine halbe Autostunde von Příbram entfernt sind, erinnern wir uns an einen alten historischen Brauch unserer Vorfahren und planen demnächst eine Fahrt:

Auf einer alten Wallfahrtsroute in's „Bem":

Bei uns im Bayerischen Wald verband und verbindet die Glasherstellung seit Jahrhunderten die Menschen in Bayern und Böhmen. Manche Glashütten im Raum Zwiesel hatten zeitweise bis zu 50 Prozent böhmische Beschäftigte. Diese „Ausländer" mussten im 1. Weltkrieg zur österreichischen Armee einrücken, trugen dann andere Uniformen als ihre bayerischen Kollegen und waren sich manchmal erst jetzt ihrer fremden Staatsangehörigkeit und deren Folgen bewusst.

Traditionell ging man zum Wallfahren auf den „Heiligen Berg" bei Příbram in Mittelböhmen. Bayerische Wallfahrtsziele wären den Ortsgeistlichen lieber gewesen. Prof. Dr. Reinhard Haller hat darüber ein Buch verfasst: „Einmal im Leben auf den Heiligen Berg".[1]

1 Erhältlich beim Morsak-Verlag in Grafenau.

Als Mitbringsel und Erinnerung kam die eine oder andere geschnitzte „Heiligenberger Madonna“ zurück ins Waldland.

„Wir wollen in etwa auf der alten Wallfahrtsroute bleiben und das sonnige Wetter ausnutzen.“

„Morgen um 9 Uhr.“

In Schüttenhofen/Sušice begrüßt uns von einer Anhöhe die Schutzengelkapelle.

„So in etwa sieht die Marienkirche in Příbram aus.“ Edmund war schon öfter, auch mit dem Fahrrad dort.

„Ist aber etwas klein geraten“ bemerkt Herbert.

„Natürlich ist die in Příbram viel größer. Das hier ist ein kleiner Bau, doch er hat eine ähnliche Form mit den Eckkapellen.“

Weiter geht es wieder über „Böhmische Dörfer“. Der Tscheche spricht aber von „Spanischen Dörfern, wenn er etwas nicht versteht.

Bald verlassen wir die Ausläufer des Böhmerwaldes, es begleiten uns Kiefernwälder und

(Repro Edmund Stern)

Bekanntmachung.

Abhaltung eines Bitt-Gottesdienstes betr.

Es wird hiemit bekanntgegeben, daß am **Sonntag, den 9. August vormittags ½9 Uhr** zufolge Allerhöchsten Auftrages in sämtlichen katholischen Kirchen Bayerns

Bittgottesdienste

um einen glücklichen Ausgang des dem deutschen Reiche aufgezwungenen Krieges abgehalten werden.

Hiezu ergeht an die gesamte Einwohnerschaft von Zwiesel und Umgebung die Bitte um recht zahlreiche Beteiligung.

Zwiesel, 8. August 1914.

Stadt-Magistrat.
J. A. Röck.

Bekanntmachung.

Betreff: Oesterreichische Mobilisierung.

Es wird hiemit bekannt gegeben, daß sich alle männlichen Oesterreicher vom 19. bis zum 50. Lebensjahre zum k. k. österr.-ung. Konsulat München zu melden haben und zwar unter Benützung des bei hiesigem Magistrate erhältlichen Formulars.

Zwiesel, am 7. August 1914.

Stadtmagistrat.
J. A. Röck.

Kalksteinbrüche. Vor uns taucht die größte böhmische Burgruine Rabí auf.

Viele Wallfahrer fuhren damals ab Sušice oder Horažďovice mit der Bahn weiter. Es sind ja über 100 km Strecke. Einzelne gingen alles zu Fuß. Es muss schon abenteuerlich gewesen sein. Allein das fremde Land und die unbekannte Sprache. Heute buchst du die Übernachtung übers Internet. Damals war die Organisation so eines Pilgerzuges eine riesige logistische Leistung.

Wir haben heute viel Zeit, um uns ein wenig abseits der Hauptstraße in den Ortschaften um zu sehen.

Hoch über Schüttenhofen befindet sich die Schutzengelkapelle (Foto: Edmund Stern)

Die Wallfahrtskirche auf dem Heiligen Berg bei Příbram (Foto: Edmund Stern)

Bělčice

Die kleine Glashütte von Václav Vlásak

In Bělčice besuchen wir die kleine Glashütte von Václav Vlásak. Er hat sich auf antike Glasformen spezialisiert und verkauft diese in böhmischen Burgen und Schlössern. Getroffen haben wir ihn in der Glasmanufaktur Theresienthal, wo er sich Anregungen holte.

Die Landstraßen sind gesäumt von blühenden Alleebäumen (Foto: Edmund Stern)

Václav Vlásak (Foto: Herbert Pöhnl)

Březnice

Eine ruhige, landwirtschaftlich geprägte Gegend. Am Horizont Teile des Brdy-Waldes. Die Landstraßen sind gesäumt von blühenden Alleebäumen. Nicht weit entfernt rasten wir auf dem großen Marktplatz in Březnice.

„Die Jesuitenkirche stammt von Carlo Luragho, ebenso der Passauer Dom und die Nikolaus Kirche auf der Prager Kleinseite."

„Woher weißt Du das alles?"

„Ich war schon einmal hier und habe die Wahrzeichen, diese Kirche und das Schloss besichtigt. Oberhalb des Schlossparks steht eine Hussitische Kirche mit dem Kelch auf dem Turm."

„Schauen wir uns lieber in dem Städtchen um, ob wir nicht noch andere interessante Dinge finden."

Die Synagoge

„Da, neben dem Rathaus an der Durchfahrt ist ein Davidstern im Pflaster zu sehen."

Wir gehen eine Gasse entlang, diese weitet sich zu einem Platz.

„An einigen Häusern sind römische Ziffern angebracht."

„Hausnummern mit diesen Ziffern deuten auf jüdische Eigentümer hin. Die Häuser im antiken Ghetto von Rom waren so gekennzeichnet", erklärt Edmund

„In der Mitte handelt es sich bestimmt um eine Synagoge. Sie ist offen."

Wir erfahren mehr auf unsere Fragen von der Dame an der Kasse.

Jüdische Spuren in Březnice (Foto: Herbert Pöhnl)

„Sie befinden sich hier in ‚Lokšany', so heißt dieses jüdische Viertel." „Wohnen hier noch jüdische Einwohner?"

„Nein, die allermeisten kamen in den Konzentrationslagern um."

„Wann begann man mit der Renovierung der Synagoge?"

„Relativ spät, erst von 1995 bis 2014. Dieses Haus gehört zu den Synagogen in Tschechien, die mittels des 10-Sterne-Programms renoviert wurden."

„Was passierte nach dem Krieg mit dem verwaisten Gotteshaus?"

„Die Kommunisten benutzten das Gebäude als Lagerhaus. Allmählich verwahrloste es."

„Gibt es noch Kultgegenstände?"

Die Synagoge in Březnice und der Friedhof mit den Gräbern der von der SS nach Kriegsende getöteten (Fotos: Herbert Pöhnl)

„Die deutsche Verwaltung, sprich SS, sammelte diese zentral in Prag. Nach dem Krieg gingen häufig Thorarollen an jüdische Gemeinden in der ganzen Welt. Unsere Thora ist in der Synagoge in Santa Monica, Kalifornien aufbewahrt."

Wir bedanken uns bei der freundlichen Frau und werfen einen Blick zurück in das uns geografisch sehr nahe liegende Ghetto oder „Štetl".

Edmund: „Bestimmt gibt es auch einen jüdischen Friedhof! Den suchen wir."

Da dieser meistens außerhalb liegt, landen wir bei unserer Suche nach einigen Minuten am nahen katholischen Friedhof.

„Gehen wir trotzdem rein!"

Im Unterschied zu den Böhmerwaldfriedhöfen, die wir kennen, fehlen deutsche Familiennamen.

„Da heißen aber viele „Rodina", stellt Herbert fest.

„Das ist nur die tschechische Bezeichnung für „Familie".

Partisanen

Auf dem Rückweg durch die gepflegten Gräber fällt uns eine Reihe gleich Grabsteine mit gleichem Todesdatum auf. Wir fragen eine ältere Frau mit Gießkanne:

„Das ist eine tragische Geschichte. Nach dem offiziellem Kriegsende wollten die deutschen Truppen, die noch in Böhmen waren, hauptsächlich Waffen SS–Verbände, mit aller Gewalt der russischen Gefangenschaft entkommen. Sie waren motorisiert und bewaffnet. Ihr Ziel war die Demarkationslinie beim nahen Čimelice. Dort warteten bereits die Amerikaner."

„Auf den Grabsteinen stehen auch Frauen."

„Tschechische Partisanen schossen wahrscheinlich auf den Konvoi. Als Vergeltung oder Abschreckung wurden von den deutschen Soldaten alle erwachsenen Einwohner des nächsten Hauses getötet, auch eine schwangere Frau war darunter. Das waren diese Mörder im Laufe des Krieges so gewohnt. Wohlgemerkt, das alles geschah lange nach der Kapitulation, lange nach Kriegsende!"

„Hat man die Täter gesucht, gefunden oder zur Rechenschaft gezogen?"

„Nein."

„Ein junger Mann hieß Konvalinka – Maiglöckchen."

„Deshalb liegen am heutigen 10. Mai auch Maiglöckchen auf seinem Grab."

Zum Abschied sieht sie uns an und sagt leise:

„Sie sind die ersten und einzigen Deutschen, die sich für diese Gräber interessieren. Fahren Sie noch heute heim?"

Etwas verwundert frage ich nach.

„Unsere Partisanen sollten nicht vergessen werden. Wenn Sie nach einigen Kilometern nach Hudčice die Eisenbahn überqueren, finden Sie linker Hand ein Grab."

„Příbram muss jetzt warten, da fahren wir gleich hin."

Nach einer Viertelstunde Fahrt, links an einem unbeschrankten Bahnübergang steht verloren ein Grabstein.

Ich rufe Jan Jirak vom Museum in Klattau an.

„Ahoj, wir sind hier in Hudčice am Grab des Widerstandskämpfers František Lizl. Weißt Du mehr?"

„Der Name sagt mir etwas. Ich habe mich mit der Klattauer Gestapo beschäftigt und sogar ein Buch darüber geschrieben."

„Was hat die Klattauer Gestapo so weit in Böhmen zu suchen gehabt?"

„Diese Einheit war berüchtigt, weil sie Jagd auf politische Gegner bis weit nach Zentralböhmen machte. Lizl wurde geschnappt. Auf dem Transport in die ‚Singer Villa' in Klattau im Winter konnte er aus dem Auto springen und sich vor den Zug werfen."

When they poured across the border
I was cautioned to surrender
This I could not do
I took my gun and vanished
Oh the wind, the wind is blowing
Through the graves the wind is blowing
Freedom soon will come
Then we'll come from the shadows.
aus: Leonard Cohen 'The Partisan'

Grab des Widerstandskämpfers František Lizl (Foto: Herbert Pöhnl)

Příbram – Heiliger Berg

Die Gnadenkapelle auf dem Heiligen Berg

Wir hätten beinahe unser Ziel, das nahe Příbram vergessen. Finden aber gleich das blaue Hinweisschild ‚Příbram 19 km'. Gesäumt ist die Straße bis zum Ziel mit Stationen, an denen Andachten gehalten wurden. Die Pilger aus dem Bayerischen Wald waren damals in einer wildfremden Gegend, verstanden die Landessprache nicht, sahen andere landwirtschaftliche Werkzeuge, den Anbau von anderen Feldfrüchten und der Pilgerweg war bestimmt ein großes Ereignis in ihrem Leben. Příbram, die Bergbaustadt, war von Březnice zu Fuß in fünf Stunden erreicht. Wir brauchen dazu eine knappe halbe Stunde. Von weitem sichtbar thront die Gnadenkapelle auf dem Heiligen Berg. Es ist ein klassischer Marienwallfahrtsort. Schon vor dem Dreißigjährigen Krieg gab es Wallfahrten hierher, doch in der Zeit nachher, in der Rekatholisierung, entstand ein wahrer Boom an Wallfahrten. Wahrscheinlich brachten die zahlreichen Böhmen, die als Glasmacher in Bayern Arbeit suchten und fanden, ihre Tradition und Verehrung der Marienberger Madonna zu uns.

Die Madonna ist ebenfalls dunkel, so wie die in Altötting. Der Altar funkelt und glänzt durch die kunstvoll gestalteten massiven Silberbleche.

Wir sehen hinunter auf die Stadt. Von Ferne erkennt man einen Förderkorb und eine große Abraumhalde.

„Bis zur Wende hat man hier waffenfähiges Uran abgebaut", sage ich zu Herbert. „Bestimmt ging alles an den „Großen Bruder", nicht wahr?"

Ich nicke.

Einmal im Leben auf den heiligen Berg bei Příbram, das war das Ziel vieler Menschen aus dem Bayerischen Wald. Der Hinweg dauerte mindestens drei Tage. Der Rückweg auch, bis die Eisenbahn gebaut wurde, dann konnte man mit dem Zug nach Bayern fahren. (Fotos: Edmund Stern)

Vysoká

Antonin Dvořak

Auf dem Rückweg schauen wir in Vysoká Villa, Park und Denkmal Antonin Dvořaks an. Er war ein interessanter Künstler, lebte eine Weile in Amerika und seine „Rusalka"[2] kennt in Böhmen jeder.

2 Rusalka ist die erfolgreichste Oper von Antonín Dvořák. Sie entstand im Jahr 1900 nach einem Libretto von Jaroslav Kvapil und wurde am 31. März 1901 am Prager Nationaltheater unter der Leitung von Karel Kovařovic uraufgeführt.

Villa Antonin Dvořak (Foto: Edmund Stern)

Denkmal Antonin Dvořak (Foto: Edmund Stern)

(Fotos: Edmund Stern)

Ostende
BRIGADA
SHASHLIK!
SALE
-50%

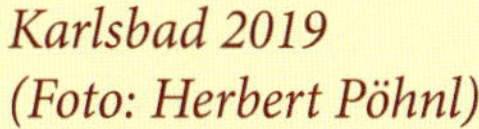

Karlsbad 2019
(Foto: Herbert Pöhnl)

Kapitel 5

Westböhmen – „On the Road Again“

Es war 2019

„Hallo Herbert! Wie wär‘s einmal mit Karlsbad? Wir können unser Projekt im Russischen Generalkonsulat vorstellen.“

„Das passt! Da schauen wir noch bei einem bekannten Hotel vorbei.“

„Und in Chodová Planá bei der Brauerei!“

„Und in Pilsen.“

An der 1. Dampfbierbrauerei Zwiesel ist wieder Treffpunkt. Noch die Sixpacks im Kofferraum verstaut und schon rollt der weiße Golf Richtung Grenze, die keine mehr ist oder keine mehr sein sollte.

Wir nehmen uns heute wieder viel Zeit. In Karlsbad müssen wir erst um 14 Uhr sein.

Die Wasserburg Švihov (Foto: Herbert Pöhnl)

Švihov

Wir durchfahren Klattau und ein paar Kilometer weiter auf der linken Seite begrüßt uns die trutzige Wasserburg Švihov. Ein Teil des Weihnachtsmärchens „Drei Haselnüsse für Aschenbrödel“ wurde hier gedreht.

Domažlice

Domažlice, eine böhmische Stadt ganz nah an der Grenze wird gerne von den bayerischen Nachbarn besucht. Der historische Marktplatz mit den beidseitigen Arkadengängen, dem “Schiefen Turm“ und den Geschäften und Restaurants ist einladend und voller Leben.

Anton Scheubeck

In der Nähe, am Baldov, stehen die Objekte eines internationalen Holzbildhauersymposiums früherer Jahre. Vaclav Fiala stellt uns den „Hussitische Reiter“ aus Eichenholz von Tomas Tichy und die übereinander gestapelten Gesteinsbrocken von Vojtech Mica vor, sie nehmen auf das tschechisch-bayerische Verhältnis Bezug. Vaclav Fialas Arbeit zeigt eine „Kapelle für einen einzelnen Pilger‘“. Anton Scheubeck aus Arnschwang erinnert sich gern an das gemeinsame Arbeiten der Künstler im Hof des Augustinerklosters: „Die Kollegialität war enorm, ebenso die große, weit über die materiellen Umstände hinausgehende Unterstützung der Kommune, das freundliche Interesse der Tschechen, die ruhige, kreative Zeit.“

Kunstwerke Anton Scheubeck / Vaclav Fiala (Fotos: Herbert Pöhnl)

Der Stadtplatz von Taus (Foto: Herbert Pöhnl)

„Du hast deine Stele ‚Auf verwachsenen Pfaden' genannt, ineinander verschlungene, raue, unlösbare Wege und sie beim Tagungszentrum in Furth im Wald aufgestellt, nicht am Baldov."

„Es soll ein Symbol der Verbundenheit und für die gute Nachbarschaft zwischen Tschechen und Deutschen, zwischen Domažlice und Furth sein."

„Und damit nach so langer Trennung ein Versöhnungsmoment."

„Ja, um die Nachbarschaft zu reklamieren, das Gemeinsame, die Notwendigkeit, eine entsprechende Kunstaktion auch in Furth im Wald zu veranstalten, das oft zitierte Überschreiten von Grenzen auch zu praktizieren. Aber mein Objekt steht immer noch ganz einsam und allein, fast ein wenig deplatziert, beim Further Tagungszentrum."

Im Laufe unseres "Setkání-Begegnungen" Projekts lernen wir viele Bürgermeisterinnen und Bürgermeister, meistens als zuverlässige Helfer und Unterstützer kennen. Wir können gerne Fotos machen und sitzen zusammen, um mehr über die Kommune zu erfahren. So werden wir häufig wieder eingeladen und spüren echtes Vertrauen und Freundschaft jenseits der Amtsgeschäfte. In Bayern klappt es auch ganz gut, doch erfahren wir manchmal Unverständnis, meistens sind nur wenige Minuten für ein Porträt genehmigt, in Einzelfällen wird sogar eine Mitwirkung abgelehnt.

Wir durchqueren den Česky Les, den böhmischen Wald östlich der Oberpfalz, nach Norden, durch stille Dörfer, große Agrarlandschaften und Wälder, vorbei an Gewerbegebieten, das größte liegt bei Tachov neben der Autobahn Prag-Pilsen-Nürnberg.

Tachov

Jiři Stručeк

Dort hat uns ist Bürgermeister Jiři Stručeк eingeladen, ein guter Bekannter. Er will uns seine Kommune vorstellen. Dafür nimmt er sich Zeit. „Das ist für mich ein sicheres Zeichen von Höflichkeit und Wertschätzung, aber auch von Professionalität," meint Herbert.

Unsere Erfahrungen sind manchmal anders. Bei uns muss eine leitende Funktion scheinbar in Minuten getaktet sein, Handys griffbereit liegen und so getan werden, als ob es keine Mitarbeiter gäbe und man alles nur selbst tun könnte.

Wir werden schon erwartet, der übliche Kaffee wird angeboten. Der Bürgermeister begrüßt uns: „Über die Geschichte Tachovs brauche ich nicht viel zu sagen. Edmund hat sicher auf der Fahrt von den siegreichen Hussiten über die Kreuzfahrerheere, der nicht erfolgreichen Rekatholisierung durch die Franziskaner erzählt. Die Stadt blieb auf der Seite der Protestanten und endete erst nach 1648 endgültig habsburgisch-katholisch. Die ganz große Mehrzahl der Einwohner sprach bis zum Ende des 2. Weltkrieges Deutsch."

„Folglich verlor die Stadt 1945/46 fast alle Bewohner?" fragte Herbert.

„Nur sehr wenige der ursprünglichen Bevölkerung konnten bleiben."

„Dann muss es sehr, sehr viele Neubürger geben. Menschen, die hier keine Wurzeln haben."

"Das ist richtig. Im Laufe der Zeit siedelten hier auch Tschechen aus der Ukraine und Rumänien."

„Tschechen aus der Ukraine?"

„Die 1918 gegründete Tschechoslowakei erstreckte sich bis in Teile der heutigen Ukraine. 1945 fiel diese Karpato-Ukraine an die Sowjetunion."

„Ihr habt hier auch Vietnamesen?"

„Unsere vietnamesischen Mitbürger sind Geschäftsleute, gehen normalen Berufen nach und ihre Kinder sind zum großen Teil gute Schüler. Sie nehmen aktiv am Stadtleben teil."

„Wir kennen im Grenzgebiet meistens nur diese ‚Märkte'."

Die Gespräche drehen sich um Tachov und Europa, um Fördergelder, Gewerbeansiedlungen und den Verlust von Arbeitskräften nach Deutschland, um die lokale Kultur um all das, was Bürgermeister sein müssen: Bauherren und Unterhalter, Therapeuten und Finanziers, Unternehmer und Moderatoren. Und sie sollen die Brücke zwischen Brüssel und ihrer Kommune sein, Projekte mit europäischer Wirkung anstoßen, die Förderanträge und die Umsetzung organisieren, Mitwirkende und, möglichst, eine Partnerschaft im Bayerischen finden und motivieren.

Feier in der Reithalle in Tachov (Foto: Herbert Pöhnl)

„Kommt mit, ich zeige Euch heute einfach einen kleinen Einblick in unser normales Leben."

Struček führt uns durch das Labyrinth des großen Rathauses. Wir besuchen die Damen des Hospizvereins, die Streetworker in ihrem Büro, das Waisenheim und das Literaturhaus, das große vietnamesische Kaufhaus ‚Saigon', den Kindergarten, die berühmte freitragende Reithalle in Světce, einem aufwendig restaurierten Juwel der Habsburgerzeit. Auch den Kastellan und Betreuer des Schlosses Pavel Voltr, einen agilen Stadtführer, der gerne in Uniform derer von Windisch Grätz auftritt. Diese Adeligen waren in Tachov die letzten „Herren". Dabei versuchen wir so wenig es geht zu stören. Doch auch wir werden interessiert befragt. Das lokale Fernsehen begleitet uns teilweise.

Wir treffen auf offene, freundliche Menschen, die uns das Gefühl geben, dass sie unsere Wertschätzung spüren.

Reithalle Světce

Als Struček von den verschiedenen Konfessionen erzählt, die in Tachov aktiv sind, insgesamt sechs, machen wir einen Vorschlag zu einer weiteren Begegnung:

„Wir laden die verschiedenen Priester der lokalen Religionsgemeinschaften zu Weißwurst, Weißbier, Tischtuch natürlich weiß-blau, süßem Senf und Brezen ein. Zu Dir Jiři ins Rathaus."

„Das machen wir! Sie haben sich so noch nie getroffen!"

Der katholische Priester war dienstlich in Pilsen, deshalb brachten wir ihm bei der nächsten Reise die Bilder und eine kleine Brotzeit. Die Hussitische Kirche wird vertreten durch die Priesterinnen in Marienbad. Da sie auch nicht kommen konnten, werden wir beide auf der nächsten Tour besuchen.

Feier in der Reithalle und vor dem Rathaus in Tachov (Foto: Herbert Pöhnl)

Streetworker

Feier im Rathaus

Reithalle Světce
(Fotos: Herbert Pöhnl)

Es wird eine Ausstellung in der Reithalle ins Auge gefasst, Jiři lädt die Viechtacher dazu ein, den Bürgermeister, die Stadtratsmitglieder und die Bürger, eine Tachover Kultur-Präsentation in Viechtach ist schnell ein gemeinsamer Wunsch. So soll die Vernissage in Světce auch ein Gründungstreffen für eine Städtepartnerschaft werden. Die beiden Amtsträger verstehen sich auf Anhieb gut, die Kooperation wird vorbereitet und schnell vertieft, Feste am Anfang sind dafür ideal, in Bayern, in Tschechien. Man besucht sich gegenseitig Schulklassen, Musikgruppen, die Feuerwehren und Sportvereine nehmen Kontakt auf und die ersten EU-Gelder helfen spürbar diese Annäherungen zu finanzieren.

Der katholische Priester war dienstlich in Pilsen, deshalb brachten wir ihm bei der nächsten Reise die Bilder und eine kleine Brotzeit. (Foto: Herbert Pöhnl)

Erste Begegnungen

Beim Tachover Stadtfest 2019 ist Viechtach dann stark vertreten, Umgekehrtes gilt für das Viechtacher Volksfest. Tachov bietet eine Oldtimer-Schau, Schmankerl von süß bis fleischig und alkoholisch, Kunsthandwerk und videoverstärkte Bühne. Viechtach Ähnliches und ein großes Bierzelt, Struček zapft an, das muss er! Jetzt kann weiter geplant werden.

Bürgermeister Franz Wittmann

Franz Wittmann, Viechtachs Stadtoberhaupt, und Monika Häuslmeier, zuständig für Kultur und Tourismus, möchten mehr als Fußball und ein Austausch der Chöre.

„Was schlagt ihr vor? Gibt es einen Event, das über die beiden Städte hinausreicht?"

„Gemeinsam sind bei beiden die vielen Musiker, die Theatergruppen, und, auch wenn es sonderbar klingt, eben die Grenze."

„Warum keinen Mix aus diesen Elementen, ein Musical, zweisprachig, das auf Tournee geht und für die Nachbarschaft, für Europa wirbt."

„Das mach'ma", Bürgermeister Wittmann ist begeistert: „Macht Vorschläge."

Uns fällt der Titel ein: „ViechTachov - Die Grenze ein Irrtum."

Dann folgt in Tachov die Wahl eines neuen Bürgermeisters und das Covid-Virus überfällt Europa. Beides bringt Stillstand in das grenzüberschreitende Projekt.

***

Wir bleiben noch etwas im „Chodenland". Choden wurden die slawischen Grenzwächter genannt, die im Bereich des heutigen Česky Les von den damaligen böhmischen Königen an die Grenze zu Bayern geholt wurden. Aus früheren Zeiten kommt die immer noch gegenwärtige Marienverehrung mit Pilgerzügen in der Region, hauptsächlich auf der bayerischen Seite. Wallfahrtsorte und Spielcasinos liegen, was ihre

Spiritualität betrifft, sehr weit auseinander, hier, im Grenzgebiet, sind sie räumlich benachbart, quasi „on the road".

Wir informieren uns aus erster Hand über diese Casinos, die direkt und unübersehbar an den großen Straßenübergängen stehen.

Horní Folmava/Česká Kubice

Das Casino

„Hallo Herr Weinzierl, sie arbeiten für den weltweit drittgrößten Spielhallenbesitzer. Hier in Horní Folmava/Česká Kubice am Grenzübergang leiten sie sieben Häuser."

„Die ‚Paradise Casino Admiral Gruppe' ist für den operativen Casinobetrieb zuständig und die ‚European Data Project Group' für die Spielautomaten und die Casinologistik. Mutterkonzern ist die Novomatic AG in Österreich, sie machte 2019 einen Weltumsatz von rund 2,6 Mrd. Euros mit 22.000 Mitarbeitern an 50 Standorten weltweit in fast 2.000 Spielstätten."

„Im Gegensatz zu anderen Casinoverwaltungen haben wir bei Ihnen ein großes Entgegenkommen erfahren. Trotzdem: keine Fotos?" fragt Herbert.

„Wir pflegen einen offenen Umgang. Aber Glückspiel kann auch zu Problemen führen, auch zu einem schlechten Image, deshalb keine Fotos, es sei denn, ihr bringt Bekannte mit. Unsere Besucher erwarten diese Diskretion, um beispielsweise im privaten Bereich nicht damit konfrontiert zu werden. Es bestehen Ängste, dass der Arbeitgeber wenig begeistert sein könnte, wenn er sie in Medien findet."

„Der Kommune Česká Kubice muss es doch sehr gut gehen?

„Sie zählt zu den reichsten Gemeinden der Tschechischen Republik, ihr Ortsteil Horní Folmava an der Grenze gegenüber Furth im Wald mit rund sechzig Einwohnern boomt wegen seiner Einkaufszentren, Tankstellen, diversen Shops und den Casinos."

„Auch den Staat und sein Finanzministerium wird es freuen?

„Klar, seit Anfang 2018 greifen zusätzlich sehr enge Vorschriften der Tschechischen Finanzverwaltung bis hin zum Scannen von Fingerabdrücken und elektronischen Registrierungen. Der geschäftliche Einbruch dadurch konnte nur langsam abgefangen werden."

„Corona und der Lockdown von März bis Anfang Mai, dann wieder ab November 2020 bis Mai 2021, waren sicher dramatisch."

„Natürlich, es kam zum totalen Stillstand, aber in den Sommermonaten 2020 dazwischen zum Boom. Wir diskutieren natürlich, strategischer Art, etwa das Casino-Geschäft auszuweiten. Vielleicht mit Restaurants, Live-Musik, Events und hoffen, dann keinen Betrieb schließen zu müssen."

Furth im Wald

Toni Lauerer

Nur einige Kilometer weiter.

Toni Lauerer ist Beamter im Ordnungsamt der „Grenz"-Stadt Furth im Wald, zuständig für das Gewerbe- und Jagdwesen und Trauungen.

„Toni, wie geht es zu in der Liebe zwischen Bayern und Tschechen?"

„Nach einem ziemlichen Hype nach der Wende 1990 mit etlichen deutsch-tschechischen Trauungen, meist älteren übriggebliebenen Deutschen und jüngeren, hübschen Tschechinnen, hat es nachgelassen. Jetzt sind es zwei bis drei im Jahr."

„Ist die Staatsbürgerschaft ein Thema?"

„Nein, aber für die Männer, fast immer Bayern, ist es reizvoll, vielleicht exotisch, für die Damen eher hoffnungsvoll! Aber natürlich gibt es auch liebevolle Gründe."

„Scheidungen?"

„Ja, oft dominieren bald die Enttäuschungen."

„Wie läuft der Alltag?

„Die Integration ist gut, weil die herüber geheirateten Damen meist Deutsch können und sich leichter tun. Alle Tschechen sind in der Arbeitswelt und im Alltag gut integriert. Es hat sich normalisiert. Wie vieles."

Toni Lauerer am Balkon des Rathauses in Furth im Wald (Foto: Herbert Pöhnl)

Borovany – Bluegrass Marathon

Weiter auf dem Weg Richtung Nordwesten entdecken wir das kleine Dörfchen Borovany. Auf dem Ortsschild ist das jährliche Bluegrass Festival verewigt. Dieser Typ der Country Musik ist von sehr schnell gespielten Banjo-und Mandolinenakkorden und Soli geprägt. Fast in jeder Kneipe in Böhmen finden sich regelmäßig Hobbymusiker, die manchmal virtuos zusammen spielen. Diese Kneipenmusiker gehören noch zum Alltag, wie lange noch? Sogar diese Musik missfiel der damaligen staatlichen sozialistischen Obrigkeit als zu westlich dekadent.

Country Musik in Borovany (Foto: Edmund Stern)

Chodová Plana

Weiter geht es Richtung Norden. Die Brauerei in Chodová Plana, Teil eines Hotelkomplexes mit Felsenrestaurant und Bierbad, hat ihren „factory outlet“ gleich an der Straße.

Ort unseres schon rituellen Biertausches. Mit „Dobry den“, „Jak se maš?“ und „Mockrat dĕkujeme“ geht es weiter. (Diese Floskeln sollten Touristen schon können.

“Guten Tag“,

„Wie geht es(dir)“,

„Vielen Dank“

Die freundliche Verkäuferin im factory outlet in Chodová Plana zeigt ihr leckers Bier (Foto: Herbert Pöhnl)

Marienbad

Hussitische Pfarrerinnen

Da es nach Marienbad nicht mehr weit ist, freuen wir uns schon auf den Besuch der Hussitischen Kirche. Einmal sind wir endlich Gast bei den geschichtsträchtig für uns ganz „bösen“ Kirchenvertretern, zum anderen sind es Kirchenvertreterinnen.

Mgr. Vladimíra Bělunková und ihre Tochter sind Pfarrerinnen in Marienbad. Die Hälfte aller Pfarrer in der Tschechoslowakischen Hussitischen Kirche (CČSH) sind Frauen. 1919/20 entstand durch Abspaltung von der röm. katholischen Kirche diese Glaubensgemeinschaft, auch ‚Neuhussitische Kirche‘ genannt.

1918 vereinigten sich auch lutherische und reformierte Gemeinden in Böhmen zur ‚Kirche der Böhmischen Brüder‘ (EKBB)

Mit dem Ende des Habsburger Reiches wurde die Vormachtstellung der Katholischen Kirche in der Tschechoslowakei geschwächt. Ein Konkordat existiert bis heute nicht. Nach 1948 unterdrückte und kontrollierte der kommunistische Staat sämtliche Glaubensgemeinschaften. Erst nach 1989 gibt es eine echte Religionsfreiheit.

Hussitische Pfarrerinnen (Foto: Herbert Pöhnl)

Das Tepla-Tal

Landschaftlich besonders reizvoll finden wir die Strecke durch das Tepla-Tal, wo uns auch eine Eisenbahnstrecke begleitet.

„Wir sind doch beide gerne mit der Eisenbahn unterwegs. Diese Fahrt müssten wir einmal noch mit dem Zug machen!"

„Senioren haben in Tschechien 50 % Ermäßigung!"

„Auch Ausländer?"

„Ja. Musst nur den Ausweis herzeigen."

Bečov

Vor dem Bahnhof Bečov.

„Schau, da mauert jemand einen komischen Gartenzaun."

„Sieht ein wenig nach Hundertwasser aus!"

„Auf der Rückfahrt fotografieren wir."

Edmund kennt Bečov:

„Hier steht die Burg, auf der erst nach der Wende ein berühmtes Reliquiar ausgegraben wurde. Der Burgbesitzer vergrub bei Kriegsende nicht nur diese Kostbarkeit, auf die gleiche Art ‚rettete' er eine große Anzahl von erlesenen Spirituosen, bevor er sich nach dem Westen absetzte. Jetzt nach 50 Jahren brummt der Kulturtourismus."

Die Burg und das Dorf Bečov *(Foto: Edmund Stern)*

Im Russischen Konsulat werden wir von Vizekonsulin Maria Semenova empfangen
Unten: Karlsbad
(Fotos: Herbert Pöhnl)

Karlsbad/Karlovy Vary

Wir fahren weiter Richtung Norden. Nach der Überquerung eines Staudammes sind wir bald in Karlsbad/Karlovy Vary. Bei den Einheimischen wird die Stadt einfach mit „Vary" abgekürzt. Imposante Hotels bestimmen das Stadtbild wie in Marienbad, doch um Etliches größer und dominanter.

Wir finden sogar ziemlich schnell das „russische Viertel" und das Konsulat. Da wir schon erwartet werden, ist der Sicherheitscheck schnell durchlaufen.

Freundschaftlich werden wir hereingebeten. Wir erfahren einiges über die Aufgaben des Konsulats. Auch unser Projekt stößt auf Interesse und trotz des Parteienverkehrs nimmt sich die Vizekonsulin Maria Semenova viel Zeit für uns.

Vielleicht könnte es mit einer Fotoausstellung in Karlsbad doch noch klappen. Mit russischen Süßigkeiten werden wir freundschaftlich verabschiedet, wir haben dafür bayerisches Bier da gelassen.

In der Nähe ein kleiner Park mit dem Denkmal des ehemaligen Kurgastes Karl Marx.

Ganz ohne Klassenkampf geht es aber doch nicht, da müssen schon noch „Proletarier" aus dem nächsten Luxushotel mit aufs Bild. Leider können wir nicht auf einen Kaffee mitkommen, wartet doch ein Fototermin im bekanntesten Karlsbader Hotel vor uns.

Das Hotel Pupp

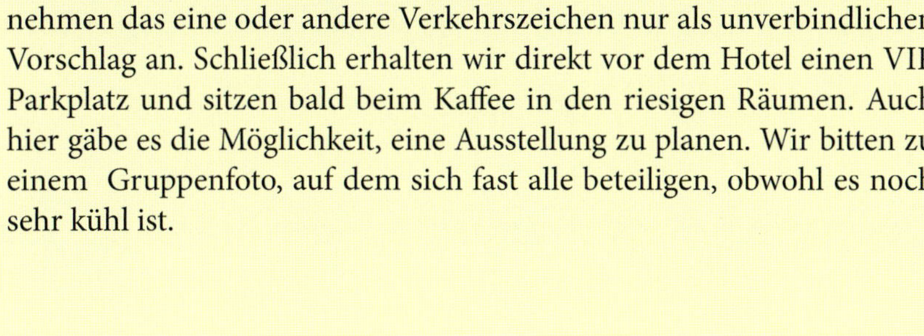

Auf dem Weg zum „Pupp" haben wir uns auf dem Gegenhang verfranzt. Baustellen, Umleitungen und Einbahnstraßen akzeptiert das Navi nicht. Da es runter zum Fluss gehen muss, fahren wir eher nach Gefühl und nehmen das eine oder andere Verkehrszeichen nur als unverbindlichen Vorschlag an. Schließlich erhalten wir direkt vor dem Hotel einen VIP Parkplatz und sitzen bald beim Kaffee in den riesigen Räumen. Auch hier gäbe es die Möglichkeit, eine Ausstellung zu planen. Wir bitten zu einem Gruppenfoto, auf dem sich fast alle beteiligen, obwohl es noch sehr kühl ist.

Denkmal des ehemaligen Kurgastes Karl Marx (Foto: Herbert Pöhnl)

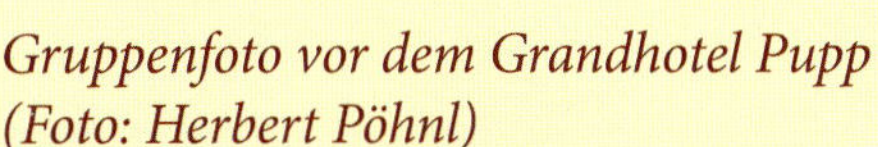

Gruppenfoto vor dem Grandhotel Pupp (Foto: Herbert Pöhnl)

Die Glasfabrik Moser

Relativ unbürokratisch können wir auch bei Moser fotografieren. Die weltbekannte Glasmanufaktur hat sogar eine eigene separate Lehrlingswerkstätte.

„Sieht aus wie in Theresienthal, nur etwas größer", findet Herbert.

„Mir imponiert die Sorgfalt und der Aufwand der Lehrlingsausbildung. Sogar ein eigener Meister ist dafür eingeteilt."

„Momentan läuft überall die Glasbranche nicht besonders gut."

„Leute kaufen manchmal sehr teure Weine und trinken aus 1 Euro Gläsern."

„Eben mehr Geld als Geschmack!"

Geschäftiges Treiben in der Glasfabrik Moser in Karlsbad (Foto: Herbert Pöhnl)

Der jüdische Friedhof in Bečov

Auf der Rückfahrt halten wir an der „Baustelle“ in Bečov. Jetzt erst sehen wir, dass hier keine Betonsteine vermauert werden. Ein Mann wird auf uns aufmerksam. Er begrüßt uns freundlich auf Deutsch und klärt uns auf:

„Das hier war der jüdische Friedhof. Nach der Besetzung 1938/39 wurde gleich oberhalb eine Straße gebaut. Mit dem Erdreich wurde der Friedhof fast gänzlich zugeschüttet.“

„Aber was ist mit den Grabsteinen passiert? Sie haben eine ungewöhnliche rechteckige Form.“

„Der Besitzer einer Mühle in der Nähe pflasterte seinen Hof damit. Damit sie ordentlich passten, wurden sie einfach im rechten Winkel zugeschlagen, ohne Rücksicht auf Verzierung, Form und Inschrift.“

„Skrupellos legte er dann die Schriftseite nach unten und hatte eine billige und tolle Hofeinfahrt,“ ergänzt Edmund.

„Genau! Bei Kriegsende verwischte man wieder die Spuren und schüttete Erde darauf. Erst vor ein paar Jahren hat man die Grabsteine entdeckt und brachte sie hier her. Jetzt versucht man, bzw. ich, dem Friedhof wieder ein würdiges Gesicht zu geben.“

Wir sind beindruckt von seinem Engagement und gerne nimmt er unser Bier an. Ihm würden wir lieber ein paar Kästen für seine Arbeit da lassen. Die meisten Besucher von Bečov, vor allem Deutsche, sind sicher angetan von Burg und Reliquiar. Vielleicht sieht man auch diesen Friedhof?

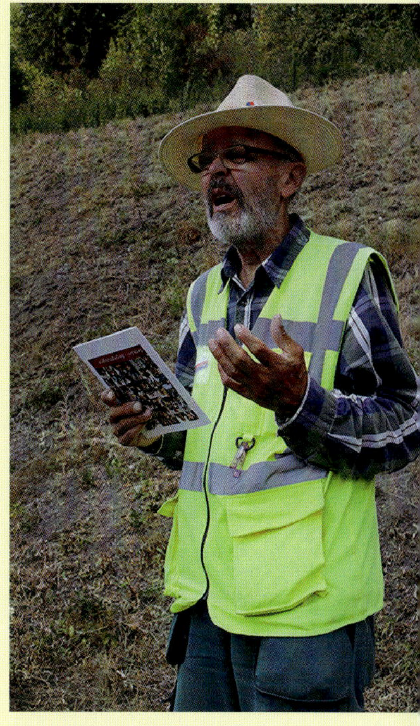

Er Versucht dem Friedhof wieder ein würdiges Gesicht zu geben (Foto: Herbert Pöhnl)

Bohumil Doubek (Foto: Edmund Stern)

Pilsen

Bohumil Doubek und Jiři Heckl

„Wie wäre es, wenn wir noch schnell in Pilsen bei unseren Freunden vorbei schauen?"

„Zeit hätten wir, mach' mas."

Wir beginnen mit einem Besuch in der Firma „Workpress Aviation"

Bohumil Doubek und Jiři Heckl, zwei Freunde, die sich quasi schon seit dem Spiel im Sandkasten kennen, sind zwei junge Unternehmer, die im Bereich der Aviatik erfolgreich tätig sind. Beide sind Piloten, so werden wir dementsprechend empfangen. Bohouš mit zwei Sekretärinnen sitzt auf einer Tragfläche oder ist es ein Leitwerk? Zwar werden wir gerne von Jiři im Betrieb herumgeführt, doch überall dürfen wir nicht fotografieren.

„Mit so viel High Tech hätte ich nicht gerechnet, das muss ich alles erst richtig verdauen," meint Edmund. „Hier gibt es keinen Server-Raum, sondern ein ganzes Stockwerk."

Jiři Heckl (Foto: Herbert Pöhnl)

Herbert: „Schade, so viele schöne Motive, die ich nicht festhalten kann."

Dafür werden wir zu einem Rundflug eingeladen. Auf dem Firmengelände stehen zwei Helikopter und davor eine riesige Stretch-Limousine, pinkfarbig. Bevor wir uns alles nochmal überlegen, sitzen wir schon und haben die Sprechgarnitur in der Hand. Relativ leise ist der Motor und nach ein paar Augenblicken schauen wir von oben auf die Folmavska Straße mit dem starken Verkehr.

Ein Geschäftspartner der Beiden besitzt eine Paintball-Halle. Ob wir uns das nicht ansehen möchten? Chauffiert werden wir dahin in einem roten Porsche Panamera.

Bei uns wird diese „Sportart" eher nicht als pädagogisch wertvoll eingestuft. Wir sind überrascht, eine ganze Schulklasse mit Lehrerin in einem Häuserkampf vorzufinden Es ist kurz vor den Sommerferien. Wir hören nur das Wort „Painball", das „t" wird verschluckt, ohne Schutzkleidung würde das hinkommen.

Fußball und Hockey sind die beliebtesten Sportarten in Tschechien. Wobei es eigentlich um Eishockey geht.

Stretch-Limousine (Foto: Herbert Pöhnl)

Paintball (Foto: Herbert Pöhnl)

Jiři Koptik

Wir treffen uns mit Jiři Koptik in der berühmtesten Brauerei Tschechiens.

Jede Flasche und jeder Bierdeckel trägt das Siegel mit dem Brauereitor. Durch dieses fahren wir durch und suchen einen Parkplatz. Wir haben Glück und Jirka steht auch schon am Eingang von „Na spilce". „Spilka" steht tschechisch für „Gärkeller", doch es handelt sich hier um ein riesiges Restaurant auf dem großen Brauereigelände.

„Wenn wir uns beeilen, klappt das mit den Schäfflern noch. Ich habe extra für euch einen Termin machen können", sagt Jiři zu uns.

„Wir wissen, dass Du hier in Pilsen sehr bekannt bist. Du warst ja schon sogar Theaterdirektor."

„Da ich auch in verschiedenen Gruppen seit Jahrzehnten musiziere, kennen mich viele."

„Was ist eigentlich das Besondere am Pils?" will Herbert wissen.

„Vor über 150 Jahren braute ein niederbayerischer Braumeister ein untergäriges, gut gehopftes Bier. Das traf den Geschmack der Bierliebhaber."

„Ob ein Bier ober- oder untergärig ist, bestimmen hauptsächlich die Hefesorten und die Temperatur, ergänzt Edmund.

Herbert: „Das hat Dir bestimmt Dr. Dieter Pfeffer erklärt, mit dem Du oft in seiner Brauerei fachsimpelst."

Eigentlich ist jedes untergärige Bier in Pilsen ein „Pils". Also kann man sich nur ein „Urquell" oder ein „Gambrinus" oder eine andere Sorte bestellen. Ein „Pils" ist hier eine ungenaue Bierbestellung.

Jiři Koptik (Foto: Herbert Pöhnl)

Aus der Werkstätte dröhnen dumpfe rhythmische Schläge. Auf die Frage, wozu die vielen Holzfässer gefertigt werden, erfahren wir, dass die meisten Auftragsarbeiten oder Geschenke sind. So hat man auch dem Papst mit einem Holzfassl Urquell seine Aufwartung gemacht.

Ein Bier mit Jiři müssen wir noch trinken, Herbert als Fahrer bekommt ein „Nealko".

Der Weihnachtsmarkt in Pilsen (Foto: Edmund Stern)

Der Schäffler fertigt ein Bierfaß (Foto: Herbert Pöhnl)

Besuch beim Goldmedaillengewinner

Jan Kůrka

Wir begegneten dem rüstigen Rentner Jan Kůrka im Sommer in Zwiesel. Er holte für einen internationalen Schießwettbewerb Pokale ab. Diese wurden von der großen Glasfabrik „Zwiesel Kristallglas“ hergestellt.

Bei der nächstjährigen internationalen Qualifizierung „Shooting Hopes“ sind wir geladene Gäste. Jan hört ein wenig schlecht, doch wenn langsam und laut gesprochen wird, steht einem Interview nichts im Wege:

„Dein großes Jahr war 1968. Für uns steht diese Jahreszahl für die Invasion bei Euch durch die Armeen des Warschauer Paktes.“

Schießsport (Foto: Edmund Stern)

Jan Kůrka (Foto: Herbert Pöhnl)

„Das ist richtig. Allen tschechischen Soldaten war in dieser Zeit der Zugang zu den Waffen untersagt. Für mich war aber die Teilnahme an den Olympischen Spielen in Mexiko das Wunschziel."

„Du hattest Dich qualifiziert und nun war alles anders."

„Nach der ‚Normalisierung' brach das tschechische Team dann doch noch nach Mexiko auf."

„Ich kann mich bestens an den weiten Satz von Bob Beamon erinnern."

„Vielleicht sagt Dir auch der Name Věra Čáslavská etwas?"

„Freilich, die tschechische Kunstturnerin, die vier Goldmedaillen und eine Silbermedaille gewann."

„Eine geschätzte, sympathische und hübsche Sportlerin, oft haben wir miteinander gesprochen," schwärmt Jan.

„Hat sie nicht das Manifest der 2000 Worte geschrieben und ist dann in Ungnade gefallen?"

„Zum Glück wurde sie1989 rehabilitiert."

„Du hast eine Goldmedaille und den Weltrekord im 50 m Schießen liegend nach Hause gebracht."

„"Darauf bin ich heute noch stolz!"

Er zeigt auf die goldene Nadel am Revers.

„In meiner Laufbahn als Berufsoffizier war ich dann Trainer, Organisator und ging im Rang eines Oberst in den Ruhestand."

„Und bist jetzt immer noch für den sportlichen Nachwuchs da."

„Nun, wo die Jugend ohne Grenzen zusammenkommen kann, sind die Wettbewerbe sehr interessant und sehr kameradschaftlich."

„Das Sportgymnasium Pilsen bietet im Rahmen der Förderung auch Schießdisziplinen an."

„Bei uns in Tschechien ist der Schießsport ziemlich populär und wir sehen das Ganze relativ locker."

„Honzo, wir hoffen, dass die nächsten Pokale für die Jugend wieder aus Zwiesel kommen! Ahoj"

Auch aus Asien kamen die jungen Sportler nach Pilsen

Der zentrale Domplatz in Pilsen soll nach der Corona Pause von 2020 wieder Schauplatz eines großen Weihnachtsmarktes werden. Überall werden Verkaufsbuden aufgestellt, wird gehämmert und geschraubt. Sogar ein Riesenrad dominiert die Szene. Man hofft diesmal, wieder so wie bisher, etwas zur Normalität zurückzukehren.

Die Bronzeskulptur von Spejbl und Hurvinek und die dahinter vorfeiernden Stammgäste scheinen das zu bestätigen. Sogar eine riesige Weihnachtskrippe ist aufgebaut.

Leider wurde trotz der umfangreichen Vorbereitungen der Markt abgesagt. Aber im Dezember 2023 fand er wieder statt.

Gleich gegenüber des neu renovierten Domes – der St. Bartholomäus Kathedrale - finden wir die Bischofsresidenz. Erst 1993, nach vorher erfolglosen Versuchen in der Geschichte, wurde das Bistum Pilsen errichtet. Das relativ schlichte, antike Gebäude gegenüber ist sehr massiv gebaut und stammt aus dem 15. Jahrhundert. Aber von prunkvoller Residenz oder sogar palastähnlichem Bau keine Spur. Nur das bischöfliche Wappen mit den 5 Sternen „erinnert an den hl. Nepomuk und macht aufmerksam.

„Der Nepomuk und der Wenzel sind in Böhmen all gegenwärtig."

„Sind auch die Nationalheiligen", fügt Herbert bei.

„Neben anderen, auch weiblichen."

Solche Gespräche zwischen uns sind feste Bestanteile unserer Fahrten.

Wappen an der Bischofsresidenz (Fotos: Edmund Stern)

Bischof Tomáš Holub

Bischof Tomáš Holub

Heute nimmt sich Bischof Tomáš Holub Zeit für ein Gespräch. Wir haben ihn schon mal vorher bei der Reiterwallfahrt in Uhliště und ganz kurz in einem Pilsener Restaurant gesehen.

Freundlich werden wir begrüßt, der junge Bischof spricht perfekt Deutsch! Angenehm ruhig und bescheiden seine Person, wie der Bischofssitz.

Danach gefragt, erwähnt er seine Aufenthalte in Salzburg und Hamburg.

„Diese Frage wird Ihnen wahrscheinlich oft gestellt. Wie wird man eigentlich Priester?"

„Ich kann mich genau an Ort und Zeit erinnern, als mich Gott rief!"

Das klingt so überzeugend, dass wir einen Moment schweigen. Dann sind wir weiter neugierig:

„Die Diözese Pilsen ist noch sehr jung. Ist das eher ein Vorteil?"

„Bestimmt. Viele Dinge sind nicht mit Traditionen verknüpft. So kann man einfacher und schneller auf die Bedürfnisse der heutigen Zeit reagieren."

„In Tschechien gibt es keine Kirchensteuer wie bei uns. Wie kommen Sie finanziell über die Runden?"

„2016 wurde das Gesetz über die Rückgabe von Kirchenbesitz verabschiedet. Und das, zusammen mit den Gaben der Gläubigen, gibt uns die Möglichkeit, nach und nach zur selbständigen Finanzierung. Zwar zu einem sehr bescheidenen, doch funktionierendem Leben."

Bronzeskulptur von Spejbl und Hurvine (Foto: Edmund Stern)

„Was wünschen Sie sich in Zukunft für Ihre Geistlichen und die Gläubigen?"

„Ich wünsche mir, dass sie Freude am Glauben an den lieben Gott haben und dass man es ihnen auch anmerkt."

Bei der Verabschiedung sprechen wir noch über die verschiedenen Biere, die wir anfangs übergeben haben. Das Dampfbier wird immer interessiert begutachtet.

Leider wurde aus dem Christkindl Markt, so aufwendig aufgebaut, auch nichts. Corona blockierte wieder.

Přeštice

Auf der Heimreise halten wir in Přeštice. Auf einer Anhöhe dominiert dieses Städtchen eine prächtige Barockkirche, die den Dientzenhofers zugeschrieben wird. Erst nach der Wende wurden die beiden Türme fertig gestellt.

Die Přešticer Sau ist eine in Böhmen gut bekannte Schweinerasse, deshalb hat man diesem Tier ein Keramikdenkmal auf der Kirchenhöhe gesetzt. Ein heller Rückengurt ist das Erkennungszeichen. Bei unserer Tour nach Südböhmen sahen wir diese Tiere live in der Landwirtschaftlichen Fakultät der Uni Budweis.

„Beim Přešticer Schwein" treffen wir den Wirt Michal Hodan (Foto: Herbert Pöhnl)

Aber da wir Hunger haben, wollen wir „Beim Přešticer Schwein" einkehren. Es gibt deftige böhmische Hausmannskost. Statt Tofu-Brätlingen serviert man gefüllte Kartoffelpuffer mit Geräuchertem und viel Knoblauch. Auch auf Kichererbsen Masala mit Gemüse Couscous muss man verzichten, dafür steht heute eine Sülze, bei den Bayern und Tschechen als ‚Sulz' oder ‚sulc' bekannt, auf der Tageskarte. „Vegan ist nur das Bier," lapidar fasst so der Wirt Michal Hodan sein Angebot zusammen.

„In Zwiesel kenne ich die Brauerei gut, ich habe sogar schon einige Fässer Zwieseler Festbier hier in Tschechien ausgeschenkt."

Keramikdenkmal „Přešticer Sau“ (Foto: Herbert Pöhnl)

Von Přeštice fahren wir nicht direkt nach Klatovy, sondern biege nach Osten ab nach Nepomuk.

Nepomuk

Über der Geburtsstadt des Nationalheiligen thront auf dem „Grünen Berg“ die Burg. Beide kennt, nicht nur in Westböhmen, jeder.

Wir sind nicht nur nach Nepomuk sondern auch zum Nepomuk gefahren.

Dier berühmteste Figur steht in Prag auf der Karlsbrücke. Dort wurde er getötet. Aber uns interessiert heute sein Geburtsort.

In Böhmen nennt man ihn Jan z Pomuku oder Jan Nepomucky. Er ist also in Pomuk, dem späteren Nepomuk, geboren.

„Wenn in Tschechien vom heiligen Johannes gesprochen wird, kann es für deutsche Ohren Irritationen geben.“

„Wie denn, es geht doch wohl um Johannes den Täufer, wie überall auf der Welt.“

„Nur in Böhmen meint man zuerst den heiligen Nepomuk.“

„Haben die keinen Johannes den Täufer?“

„Doch, aber Nepomuk ist hier in seiner Heimat einfach der Johannes.“

Die Stadt selber mit ihren 3800 Einwohnern ist ihm zu Ehren heute ein bekannter Wallfahrtsort.

„Warum wurde er eigentlich zum Tode verurteilt?“

„Jan Nepomucky machte im 14. Jahrhundert als Kirchenmann Karriere, gelangte aber in der wirren Zeit der beiden konkurrierenden Päpste

Der grüne Berg in Nepomuk (Foto: Herbert Pöhnl)

Urban IV und Clemens VII in das Haifischbecken der hohen Politik. Auf der Seite des Prager Erzbischofs, der mit König Wenzel IV verfeindet war, riskierte er zu viel. Das endete schließlich mit Folter und Tod. Er hatte sich offen gegen den mächtigen König gestellt und den Gegner unterschätzt."

Er wurde erst später in der Barockzeit zu einem der bekanntesten Heiligen Böhmens, sozusagen eine katholische Leitfigur im eher hussitischen Land. Er hat als einziger einen Kranz mit fünf Sternen ums Haupt. Unzählige Legenden ranken sich um ihn und unzählige Statuen finden wir in Böhmen und angrenzenden Ländern, weit nach Österreich und Bayern hinein.

Auf jeder Bruck' steht ein Nepomuk! Im Laufe der Zeit verbindet und verband kaum ein Heiliger durch die grenzenlose Verehrung mehr und besser Bayern und Böhmen.

Nepomuktafel

Zelená Hora, der ‚Grüne Berg' (Fotos: Herbert Pöhnl)

Matěj Vokač und der Grüne Berg

Das zweite Wahrzeichen der Stadt Nepomuk ist Zelená Hora, der ‚Grüne Berg', mit einem Schloss auf dem Gipfel. Es verkam nach 1945 zu einer Kaserne für Bausoldaten zur Umerziehung und ist bisher weder vollständig renoviert noch öffentlich zugänglich.

Bekannt geworden ist der dominante Bau in Tschechien nach der Wende als Filmkulisse zu „Černí barony". Ein Film, der satirisch-humoristisch die eigentlich traurige Geschichte der damaligen Außenseiter genannt die „Schwarzen Barone", wie Dr. Richter aufzeigt.

Ein tschechischer Schüler, der in Zwiesel Realschule und in Regen die FOS meisterte, hat uns in seiner Heimatstadt alle Türen geöffnet.

So durften wir auf den „Grünen Berg" und in der Burg fotografieren. Die Außenrenovierung ist fertig, doch wie es innen einmal aussah, sollen alte Fotos zeigen.

Lieber Matěj Vokač, vielen Dank. Für die Begrüßung in Tracht mit Salz und Brot und die Erlaubnis, das Schloss besichtigen zu dürfen.

Wir sind beeindruckt!

Johannes-Nepomuk-Kirche ist eine römisch-katholische Wallfahrtskirche in Nepomuk, dem Geburtsort des Hl. Johannes von Nepomuk in Westböhmen, im Plzeňský kraj (Foto: Herbert Pöhnl)

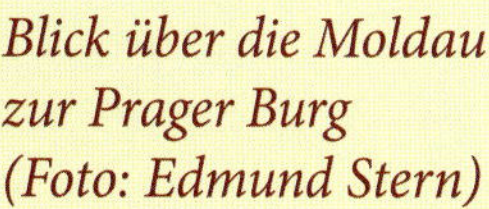

Blick über die Moldau zur Prager Burg (Foto: Edmund Stern)

KAPITEL 6

Prag und Umgebung

Die Goldene Stadt, Stadt der hundert Türme, Mütterchen Prag oder sogar ein Superlativ - „Mutter aller Städte", das macht neugierig auf einen Besuch.

Kommst du mit einem internationalen Zug, so begrüßen dich im Prager Hauptbahnhof einige Takte aus Smetanas' ‚Moldau'. Sofort kannst du dich zu Fuß, mit der Metro – so heißt die Prager U-Bahn, der Straßenbahn oder dem Bus zum zentralen Wenzelsplatz aufmachen, oder gleich weiter die Stadt erobern. Selbstverständlich hast du dich zumindest im Internet vorher schon schlau gemacht.

Kommst du mit dem Auto, versuche bitte nicht in die Innenstadt vorzudringen. Parkplätze auf „gut Glück" zu finden, klappt meistens nicht. Besser du verlässt die Autobahn an der Ausfahrt Zličín, links und rechts erstreckt sich die

Die astronomische Uhr und das Pflaster mit den Kreuzen (Fotos: Herbert Pöhnl)

Einkaufszone und von weitem erkennst du das skandinavische Möbelhaus. Es sind genügend Parkplätze vorhanden und hier beginnt bzw. endet die gelbe Metrolinie B, die dich in ein paar Minuten in die Innenstadt bringt.

Wahrscheinlich gibt es passend zu den 100 Türmen Prags, jemand hat die Zahl auf 473 erweitert, ebenso viele Stadtführer in Buch- oder Heftform, digital oder analog. Deshalb stellen wir unverbindlich nicht „unser" Prag vor. Wir müssen oft hören: „Ja, Prag kenne ich schon. Ich war da mit einer Busreise."

Man wird eigentlich Prag nie richtig kennen, auch der Eingeborene wird sich damit schwer tun. Man kann die einzelnen Mosaiksteine, die sich im Laufe der Jahre bei Besuchen, Aufenthalten oder Führungen ansammeln, zu einem subjektiven Bild ordnen. So sollen unsere Anregungen Motivation sein, einiges von Prag auf eigene Faust zu entdecken.

Die astronomische Uhr

Wenn Du Dich von der Zuschauermenge am Rathaus mit der Uhr „Orloj" gelöst hast, biege links um die Ecke, genau dort, wo die Lücke auf den abgebrannten Teil des Rathauses hinweist. Noch im Mai 1945 wurde nämlich das Rathaus mit der astronomischen Uhr von deutschen Truppen zerstört. Der ganze Ostflügel wurde nicht wieder aufgebaut.

Schau bitte hier auf das Pflaster mit den Kreuzen. Achtlos laufen täglich Heere von Besuchern darüber. Es sind 27, brauchst Du nicht zu zählen! Auch die Jahreszahl weist auf die Hinrichtung der 27 tschechischen nicht katholischen Adeligen hin.

In der Schule hast du gelernt, dass der Krieg, der in Europa dreißig Jahre dauerte, hier in Prag seinen Anfang nahm. 1618 wird dafür als Jahr angeführt mit dem sogenannten Fenstersturz. Aber erst 1620 kam es zum Kampf, da manifestierte sich der Sieg der Habsburger, sprich der katholischen Seite am „Weißen Berg" im Westen Prags. Die tschechische Geschichtsschreibung spricht von da an von der „Dunkelheit", die 300 Jahre andauerte. Der Sieger baute sich Säulen, Kirchen und andere Ruhmessymbole.

Denkmal auf dem Weißer Berg – Bilá Hora (Foto: Edmund Stern)

Weißer Berg

Fahren wir mit der Straßenbahn 22 zur Endstation Weißer Berg – Bilá Hora. Dort erkennt man in der Nähe eine Barockkapelle, verschiedene Klosterbauten im Habsburger Gelb. Das Schlachtfeld liegt zu Fuß 10 Minuten entfernt. Erst 1920 wurde den Verlierern, und allen Gefallenen, den reformatorisch/hussitischen tschechischen und katholischen – ein kleines Denkmal auf einem Hügelchen errichtet.

Altstädter Ring

Jetzt eilen wir in Gedanken wieder zurück zum Altstädter Ring. Die ehemalige Mariensäule/Siegessäule stand da bis 1919. Und jetzt? Unübersehbar dominiert das Denkmal von Jan Hus seit 1915 den Platz. Mit der Gründung der sogenannten 1. Republik wurde der Platz dem Reformator allein überlassen – bis 2020. Dann ist auch wieder Maria auf der Säule zurückgekehrt. Ein eher stilles Zeichen der Toleranz und des Miteinanders.

Ganz grob gesehen lässt sich in der böhmischen Geschichte ein Wettbewerb eher hussitisch, protestantisch tschechisch geprägter Bevölkerungsteile mit katholisch – österreichisch - deutschsprachigen Bewohnern erkennen. Wobei der jüdische Böhme sich nicht selten auch als Deutschböhme fühlte. Später im politischen Nationalitätenkampf, oder sagen wir lieber -wahnsinn, kulminierte der Konflikt im deutschen Rassenwahn mit den furchtbaren Folgen.

Auch nach 1945, im sogenannten Kalten Krieg, benutzte man auf beiden Seiten weiter die alten Klischees. Nur an Stelle der verhassten Hussiten und Tschechen kamen eben bei uns noch die Kommunisten dazu, dafür waren die Deutschen die Faschisten, Revanchisten oder Kapitalisten.

Erst ab 1989 gibt es die echte Möglichkeit, alte Vorurteile über Bord zu werfen und zu versuchen sich anzunähern. Zumindest wirtschaftlich zeigen sich sichtbare Erfolge. Beide Völker, Deutsche und Tschechen hatten viele lange Jahrhunderte versucht, miteinander gut zu leben. Es wurde untereinander geheiratet, Kinder wurden geboren und oft auch zweisprachig erzogen. Was die sogenannte hohe Politik betrifft, da wurde lange auf Ausgrenzung, Unfriedenheit und Zwietracht gesetzt. Die Sprache wurde als Mittel der Abgrenzung missbraucht.

Das Denkmal von Jan Hus am Altstädter Ring und die Mariensäule ((Foto: Edmund Stern))

Der Karlsplatz

Nun fahren wir mit der Metro zum Karlovo Náměstí. Der Karlsplatz ist der längste in Prag. In der Mitte gegenüber der dominanten Jesuitenkirche führt die „Resslova", die Ressel Straße, hinunter zur Moldau und du siehst auch unten auf der linken Seite das „Tanzende Haus". Der Österreicher Ressel gilt als Erfinder der Schiffschraube, da das Habsburger Reich Häfen an der Adria besaß mit der dazugehörigen Marine und hier war Ressel Ingenieur.

Heydrichiade

Auf halber Höhe rechts steht eine Dientzenhofer Kirche, sehr unscheinbar, hingeduckt ohne imposanten Turm. Das ist und war auch schon 1942 die Bischofskirche der orthodoxen Christen in Prag. Warum das Jahr 1942? Hier fanden die britisch/tschechischen Fallschirmjäger, die den SS General und stellvertretenden „Reichsprotektor" Heydrich töteten, Unterschlupf, wurden verraten und wollten der Gestapo nicht lebend in die Hände fallen. Als Rache wurden bei der darauf folgenden sogenannten ‚Heydrichiade' 1942 alle unschuldigen männlichen Bewohner der Dörfer Lidice und Ležáky erschossen, die Frauen in Konzentrationslager gebracht, etliche Kinder, nach den damaligen rassischen Kriterien als eindeutschungswürdig eingestuft, in SS–Familien zwangsadoptiert.

Lidice wurde dem Erdboden gleich gemacht, der Bach umgeleitet und sogar die Schafe nach Theresienstadt getrieben. Deutsche Gründlichkeit eben. Heute ist die Krypta eine Gedenkstätte, die 2021 erstmals von einem deutschen Bundespräsidenten besucht wurde. Diese Ehrung nach 80 Jahren sei, so der tschechische Historiker Stehlik: „außergewöhnlich und unendlich wichtig für die Beziehungen zwischen Deutschen und Tschechen."

SZ Nr. 122 vom 28./29. Mai 2022

Die Barockkirche wurde im 18. Jahrhundert von Architekt Kilian Ignaz Dientzenhofer erbaut. Später wurde sie Bischofskirche der Ortodoxen Christen (Foto: Herbert Pöhnl)

Die Kinder von Lidice' (Foto: Edmund Stern)

Lidice

Lidice liegt nur 20 km westlich von Prag. Zwei Buslinien führen zur Gedenkstätte.

Tschechische Kinder bringen ihre Spielsachen mit und legen sie bei dem Denkmal ab. Mit dem Bus bist du in 25 Minuten wieder zurück in Prag:

Das Prager Literaturhaus

Wenn du schon mitten am Karlsplatz stehst und nicht die Resslova Straße hinunter Richtung Moldau gehst, also einen Teil der Geschichte des „Protektorats" schon kennst, dann schau hinüber zur barocken Jesuitenkirche mit der goldenen Maria im Strahlenkranz im Giebel und folge leicht bergauf der Ječná Straße. Nach einigen Minuten bist du in der Nähe des „Prager Literaturhauses". Zugegeben, leicht zu finden ist diese kulturelle Einrichtung nicht. Du musst erst einen Torweg finden und ihn durchschreiten. Da, an der Mauer wird an die bekanntesten Literaten Franz Kafka, Max Brod, Egon Erwin Kisch erinnert! Es schrieben aber in Prag vor über hundert Jahren viel, viel mehr Männer und Frauen gegen Hass und Vorurteile. Ein europäisches Miteinander war ihr Ziel, das aber regelmäßig von den jeweiligen Mächtigen unterdrückt wurde.

Europa starb in Prag", schreibt Jürgen Serke, in dem herausragenden Buch „Böhmische Dörfer" mit dem Untertitel „Wanderungen durch eine verlassene literarische Landschaft."

Die Karlsbrücke

Was wäre Prag ohne seinen Nepomuk! An der Stelle, wo er in die Moldau gestoßen wurde, steht wohl seine berühmteste Statue.

Die Karlsbrücke, die „Steinerne Brücke" verbindet die sogenannte Kleinseite mit der Altstadt.

Unter der Burg, direkt an der Metrostation A Malostranská sind es nur ein paar Schritte in die Wallensteingärten. Kein Eintritt, relative Ruhe, ein idealer Ort zum Entspannen. Hier warten immer Ausstellungen im Freien auf interessierte Besucher. Auf Tschechisch wird Wallenstein zu Valdštejn.

Auf Spaziergängen in der historischen Altstadt berichten sogar die Straßennamen noch von der Vergangenheit. Von den jeweiligen Regimes machmal sogar übermalt, je nach Ideologie, um zu zeigen, wer gerade an der Macht ist.

Sowohl der deutschsprachige als auch der tschechischsprachige Böhme hatte bis 1918 die österreichische Staatsbürgerschaft – dann die tschechoslowakische. 1938/39 wurde die tschechoslowakische Republik zerschlagen und viele deutschsprachige Menschen, aufgestachlt und verführt, kamen dann endlich „heim ins Reich".

Die Straßennamen berichten von der Vergangenheit (Foto: Edmund Stern)

Das Prager Literaturhaus finden Sie in Ječná 11, 120 00 Praha 2 (Fotos: Herbert Pöhnl)

An der Stelle, wo er in die Moldau gestoßen wurde, steht die berühmteste Nepomukstatue (Foto: Herbert Pöhnl)

Seit der ethnischen Säuberung 1945/46 mit Verfolgung, Vertreibung und unsäglicher Gewalt ist das Verhältnis beider Staaten eher kompliziert. Ab 1990 konnten sich wieder nachhaltig Freundschaften und weitere gute Annäherungen zwischen den Nachbarn entwickeln.

Břevnov – St. Gunther

Schon vor 1000 Jahren war ein Benediktinermönch, St. Gunther, eifrig bemüht, mit seinen Männern Wege und Brücken zwischen den Völkern zu bauen. Es handelte sich um die Rodung und Besiedelung der Gebiete zwischen der Donau bis weit ins Böhmische. Mittlerweile sind aus den uralten Pfaden und Steigen breite Wege und asphaltierte Straßen geworden, aus den einst kleinen Siedlungen Märkte und Städte. Begraben wurde er damals im großen Benediktinerkloster Břevnov im Westen von Prag. Mit der bereits bekannten Stassenbahnlinie 22 fahren wir bis zur Station „Břenoský klášter".

Auf der rechten Seite ist der große Klosterkomplex mit der Margarethenkirche nicht zu übersehen. Aber einen Friedhof finden wir auf dem parkähnliche Vorhof nicht. Auf der Südseite der schönen Dientzenhofer Kirche entdecken wir die Grabplatte, des Gunthergrabes. Bei den Hussitenstürmen wurden viele Kirchen und Klöster verwüstet. Auch Friedhöfe blieben nicht verschont. So fand man diese Abdeckung, doch konnte man in dem Chaos kein Skelett mehr zuordnen. So wurde die Marmorplatte mit Halbrelief zum Denkmal für einen frühen „Brückenbauer".

Das Kloster Břevnov (Fotos: Edmund Stern)

Prager Impressionen
(Fotos: Herbert Pöhnl)

Pavel Novy und Per Urban

Nach all der Vergangenheit wollen wir wieder interessante Menschen, die wir in Prag getroffen haben, vorstellen:

In der Maisel-Gasse, gegenüber der Synagoge, wartet schon Pavel Novy in der Kneipe „U pivrnce". Sogar der Schöpfer der Figur des „Pivrnec", Per Urban, wird ein Bier mit uns trinken. Urban, ein bekannter Wintersportler, Olympiateilnehmer im Rennrodeln, hat unzählige Karikaturen und Bücher veröffentlicht, in denen es nicht immer jugendfrei und gendergerecht hauptsächlich um Bier und das entsprechende Zuammenleben von Mann und Frau geht. In dem Substantiv „pivrnec" steckt „pivo", und die Figur könnte mit dem bayerischen Wort „Bierdimpfel" am besten übersetzt werden.

Großflächig ist das ganze Lokal mit riesigen Karikaturen ausgemalt, Gäste dürfen gerne auch selber kreativ sein.

Pavel Novy, der von sich sagt, er sei ein böhmischer Schauspieler, hat in vielen Filmen und Serien mitgespielt und ist immer noch aktiver Theatermann. Wenn er sich auf Englisch vorstellt, übersetzt er gerne seinen Namen mit Paul Newman.

Heute passt die Umgebung und er gibt uns ein ausführliches Interview:

Dein Vater war Braumeister in Böhmisch Eisenstein. Verbindet Dich noch etwas mit dem Böhmerwald?

Der Böhmerwald bedeutet für mich Kindheit und Regen und es sind die schönsten Berge der Welt. Ich habe viele davon gesehen, nicht nur in Europa.

Kam für Dich die samtene Revolution überraschend?

Das ist eine schwierige Frage so zum Erzählen. Etwas habe ich schon vorher geahnt.

Per Urban (Foto: Herbert Pöhnl)

Du kennst die Welt vor der samtenen Revolution und danach. Worin siehst Du den größten Unterschied bezüglich Deiner Arbeit und Deinem Leben?

Endlich bin ich nach 40 Jahren im Rahmen der Gesetze frei, obwohl einige Gesetze, zumindest in unserer Republik Fieslinge und Bolschewisten fördern. Aber was ich bestimmt nicht gekannt hätte wärst du und andere Freunde in Europa. Auch das gehört zu meinem Glück.

Deine Rollen in Filmen sind sehr beliebt und sogar im Ausland bekannt. Sage bitte etwas über Deine gegenwärtigen Aktivitäten.

Im Moment verstecke im mich vor der Schlampe Corona, damit sie mich nicht erwischt. Sonst bin ich immer im Studio Ypsilon. Dieses Jahr hat in Tschechien der Film „Frühling mit Bernard“ Premiere, eine deutsch-slowakische Koproduktion, wobei ein Teil in Bayern gedreht wurde. Also habe ich meine Kenntnisse im bayerischen Dialekt angewendet – „ oa Oa.“

Es soll auch heuer die Premiere des walachischen Märchens „Das schönste Geschenk“ geben. Ich spiele in der Serie „Ulice“ für TV Nova und in den Filmen „Hier wachen wir“ und „Ballerina“.

Aber ich bin zur Zeit zu Hause und mache viele nützliche Dinge und frage mich, ob es heuer ein Volksfest in Zwiesel gibt.

Viele junge Menschen haben heute auch ökologische Ziele. Wie stehst Du dazu?

Die habe ich schon seit meiner Jugend. Ich pflanze Bäume (nicht nur Obst) und versuche autark mit Gemüse und Obst zu sein. Vor allem mit Kartoffeln, um nicht die Reise von Lebensmitteln um den Erdball zu unterstützen. Ich gieße mit Regenwasser, was mir mein Großvater (er war russischer Legionär im Ersten Weltkrieg) beigebracht hat. Ich erzeuge Solarstrom, fahre ein Elektroauto und habe die Gründung des Nationalparks Böhmerwald unterstützt. Das wäre alles.

Wir alle wissen, dass Du eine schwere Krankheit überstanden hast. Bewirkte das auch eine positive Veränderung für Dein Leben?

Wenn ich das West-Nil-Fieber nicht überstanden hätte, hätte ich das Wissen über mich selbst, meine Familie und Freunde verloren. Da ich dreieinhalb Monate im Koma und dann im künstlichen Schlaf lag, habe ich genug Schlafvorrat. Ich war vollständig gelähmt – auch die Stimme. Aber dank des Pribramer Krankenhauses, der Reha-Abteilung des Prager Motol Krankenhauses und nachher mehr als ein halbes Jahr Reha in Kladruby würde ich nicht so leben wie jetzt. Ich schätze die kleinen Dinge des Lebens und habe keine Eile. Das Eine funktioniert nicht mehr sehr gut, weil nicht alles in seinen ursprünglichen Zustand zurück gekehrt ist. Einige Behinderungen sind geblieben. Damit ich nicht überheblich werde ...

***

Pavel ist gerne in Zwiesel. Ein Besuch in der Brauerei mit Chefin Elisabeth Pfeffer darf nicht fehlen. (Foto: Edmund Stern)

Edmund, bei uns ist alles OK.
Den Enkeln habe ich das so erklärt:
so haben wir vor 31 Jahren gelebt:
die Grenze zu,
nirgends Ausländer,
Schlangen vor den Geschäften,
einige Regale leer,
wichtige und nicht nur Waren der täglichen Gesundheit nur unterm Ladentisch
und im Fernsehen sprach auch ein
Slowake schlecht Tschechisch.
Es grüßt Euch alle Pavel Novy
PS Grüße auch an die Brauerei

Dienstag, 31. März 202

Edmunde, u nás vše Ok. Vnoučatům jsem to vysvětlil takto: takhle jsme žili před 31. lety: zavřené hranice, nikde žádný cizinec, fronty v obchodech, některé regály prázdné, důležité nejen zdravotní věci na příděl a v televizi kurvil češtinu taky Slovák. Všechny Vás zdraví Pav Nový PS pozdravuj i v pivovaře. 👌👍😉

SMS 18:26

Eine SMS während der Corona – Pandemie: (Foto: Edmund Stern)

Ing. Jiří Štětina, Oberstleutnant im Generalstab

Bei einem Freundschaftsbesuch von tschechischen, amerikanischen und österreichischen Soldaten in der Regener Kaserne, wurde Edmund gebeten, die tschechischen Offiziere zu begleiten.

Seit dieser Zeit bestehen gute Kontakte mit ihnen. Wir sind mit Jiři Štetina verabredet. Im nahen Restaurant gibt er uns ein Interview:

„1991 absolvierte ich die Höhere Technische Fachschule in Pilsen Křimice. Die wirtschaftliche Situation nach der Wende in der Tschechoslowakei 1989 war für viele Familien nicht sehr rosig, obwohl die Freiheit über das kommunistische Regime gewonnen wurde. Deshalb entschied ich mich nach dem Abitur an die Militäruniversität in Brünn zu gehen. Dies machte mich unabhängig von meinen Eltern und deren finanzieller Unterstützung.

Mein Studium an der Universität für Verteidigung fand in den Jahren 1991 - 1996 statt. Nach meinem Abschluss im Jahr 1996 wurde ich im Rang eines Leutnants zum Reparaturbataillon nach Klatovy versetzt.

Danach erhielt ich ein Angebot des Regionalen Militärkommandos in Pilsen. Voraussetzung für die angebotene Stelle war die Beherrschung der deutschen Sprache. Um die Jahrtausendwende war die gegenseitige Zusammenarbeit der regionalen Militärkommandos mit dem grenzüberschreitenden Verteidigungsbezirkskommando schon wesentlich fortgeschritten.

Zwischen 1999 und 2012 wurden in Zusammenarbeit mit der in Grafenwöhr stationierten amerikanischen Garnison gemeinsame Übungen der drei Armeen unter Beteiligung tschechischer und deutscher Reservisten zum Thema Bewältigung von Krisensituationen durchgeführt. 2013 konnten die deutschen und tschechischen Soldaten noch eine bedeutende Auszeichnung für den zivilgesellschaftlichen Beitrag der Region Egrensis entgegen nehmen. Die Kommunen beider Länder haben bei der kulturellen, sozialen und wirtschaftlichen Zusammenarbeit und Raumplanung sehr gut harmoniert.

Anfang 2011 ging ich für eine sechsmonatige Militärmission nach Kabul in Afghanistan, ein wichtiger Teil meines Lebens, da ich Kolleginnen und Kollegen anderer NATO-Partner traf. Leider wurden zu diesem Zeitpunkt auch Bundeswehrsoldaten aus der Garnison Regen, unserer Nachbareinheit, in Nord-Afghanistan getötet.

Zurück in Pilsen wurde ich dann in den Generalstab in Prag, Abteilung Berufsplanung versetzt, wo ich mich bis heute befinde. Die Ausbreitung von COVID hat den weiteren engeren Kontakt erheblich gestört. Ich nahm gerne an Militärsportkämpfen zwischen Soldatinnen und Soldaten verschiedener Nationen teil, denn sie stärkten und vertieften den europäischen Gedanken.“

Jiří Štětina
(Foto: Herbert Pöhnl)

GENERÁLNÍ ŠTÁB ARMÁDY ČESKÉ REPUBLIKY
1500
5

Wir wünschen Jiři, dass die alte Zusammenarbeit bald wieder aufgebaut wird und vielleicht lädt er uns zur nächsten Beförderung ein.

Adam Pezold

Wir lernten Adam Pezold im Böhmerwald kennen. Ganz genau erfuhren wir damals nicht, was er mit den Schwarzenbergs gemeinsam hatte. Deshalb trafen wir uns in Prag-Smíchov in der Nähe der Busstation ‚Beim Fürsten' Na Knižeci. An einem stattlichen Wohnhaus zeigte er nach oben. Dort in Höhe des zweiten Stockwerkes schaute das große Wappen der Schwarzenbergs herab.

„Die Kommunisten haben vergessen, es zu entfernen", sagte er beiläufig zu uns. „Meine Mutter ist nämlich eine geborene Schwarzenberg".

Um noch Näheres zu erfahren ziehen wir uns in ein Restaurant zurück. Sehr ruhig, mit dem typischen österreichischen Charme, erzählt er:

„Ich kam im Jahr 2009 beruflich hierher nach Prag. Seit der „Samtenen Revolution" hatte ich den Wunsch nach Tschechien, in die Heimat unserer Familie, zu ziehen.

Auf Grund ihrer pro-tschechoslowakischen Haltung und wegen des Widerstandes gegen die Nazis musste meine Familie aus ihrer böhmischen Heimat fliehen. Während meinem Urgroßvater Adolph Schwarzenberg die Flucht nach Amerika gelang, hatte mein Großvater Heinrich Schwarzenberg nicht so viel Glück. Er wurde von der SS verhaftet und ins KZ-Buchenwald gebracht. Der Familienbesitz wurde durch die Gestapo konfisziert.

Sowohl Adolph als auch Heinrich Schwarzenberg überlebten die Kriegsjahre und wollten in ihre Heimat zurück kehren. Die mittlerweile kommunistische Tschechoslowakei verweigerte ihnen die Einreise und

(Foto: Herbert Pöhnl)

machte sich daran, das von den Nazis gestohlene Eigentum ein zu behalten. Als man sah, dass dazu die Beneš–Dekrete nicht geeignet waren, wurde ein Sondergesetz gegen meinen Urgroßvater erlassen. Sein ganzes Vermögen wurde entschädigungslos konfisziert, ohne ihn auch nur eines einzigen Vergehens zu bezichtigen.

Leider wendet der Tschechische Staat dieses Gesetz weiter gegen uns an. Seit 1990 bemüht sich meine Familie erfolglos um die Aufhebung der Sanktionen. Da dieser Kampf womöglich noch viele Jahre in Anspruch nehmen wird, habe ich mich entschlossen, einen Großteil meiner Zeit dem zu widmen.

Leider sind meine bisherigen Erfahrungen mit Gerichten und staatlichen Stellen sehr ernüchternd. Man verweigerte mir den Zugang zu Archiven, bezichtigte meine Familie Nazis gewesen zu sein und scheint immer noch nicht in Europa angekommen zu sein. Zum schönen Land Böhmen gehören leider auch die kafkaesken Strukturen in vielerlei Ausformungen. Mit dem muss ich wohl leben."

Přemysl Pitter und die Waisenkinder

In Žižkov endet heute unser Spaziergang in Prag. Dort finden wir abseits der Touristenwege das Kinderhaus „Miličův dům". Ein modern sachlicher Bau, in Deutschland würde man Bauhaus-Architektur dazu sagen. Errichtet in den dreißiger Jahren des vorigen Jahrhunderts auf Initiative eines leider bei uns fast unbekannten Mannes – Přemysl Pitter.

Was ist so großartig an dem Mann, dass wir ihm gerne an dieser Stelle des Buches gedenken?

Geprägt durch seinen Glauben und eine tiefe humanistische Einstellung widmete er sich Zeit seines Lebens Waisenkindern. Besonders in der Zeit der Besetzung der Tschechoslowakei riskierte er viel, trotzdem fürchtete er sich nicht und trotzte der SS und Gestapo. Vor allem weil er sich auch um jüdische Kinder sorgte und sie betreute.

Nach dem Krieg galt seine Sorge weiter den Waisenkindern. Diesmal brauchten die deutschsprachigen Kriegswaisen oder die bei Flucht und Vertreibung verlassenen Kinder seine Hilfe. Ab 1948, dem Jahr des kommunistischen Putsches in der Tschechoslowakei, wurde ihm nach und nach die Unterstützung erschwert. Er verließ dann die Tschechoslowakei.

Heute erinnert am Haus mit Kindergarten eine Bronzetafel an den Gründer der Zufluchtsstätte für Kinder.

Eine Bronzetafel erinnert an Přemysl Pitter, den Gründer der Zufluchtsstätte für Kinder (Foto: Edmund Stern)

Ungebetene Gäste bei Filmaufnahmen

Eine knappe Autostunde nördlich von Prag: Wir fahren an einer Schlossmauer entlang. Eine große Toröffnung mit dahinter parkenden Autos macht uns neugierig.

„Fahr links rüber, da machen wir eine Pause!"

Kaum sind wir im Park, hören wir laute Regieanweisungen auf Englisch, blitzen fast überall Scheinwerfer und wippen Mikrofongalgen.

„Sofort rechts rein und zwischen zwei Bäumen verschwinden!"

Unsichtbar machen geht gar nicht, also Kameras gepackt und so tun, als gehörten wir irgendwie dazu. Da wir zum Glück am anderen Ende des geschäftigen Treibens reingerutscht sind, können wir gut erkennen, was hier gespielt wird:

Uniformierte Hitlerjugend überall.

Filme werden gerne an Originalschauplätzen gedreht, im damaligen sogenannten „Protekorat" gab es zahlreiche Offiziersschulen und übliche Ausbildungsstätten für die zukünftige Parteielite, untergebracht in Klöstern, Burgen und Schlössern, von denen Böhmen und Mähren reich gesegnet sind.

Wir unterhalten uns mit einem Komparsen und bitten ihn, uns dann beim Dreh kurz zuzuwinken.

An der Schlossmauer hängen ein paar Jungen in Uniform am Galgen und warten auf ihre Hinrichtungsszene. Aus Langeweile tippen sie an ihren Handys rum. Vielleicht spielen sie ‚Wolfenstein'?

In dem Moment, als das Fähnlein an uns vorbeizieht und einer wie verabredet winkt, werden wir als Eindringlinge erkannt. Höflich aber sehr bestimmt werden wir samt Auto heraus geleitet.

Mittlerweile werden solche Produktionen auch bei uns im Fernsehen gezeigt. In unserer Jugend hat man Filme dieser Art gerne als bolschewistische Propaganda abgetan.

Theresienstadt

Wie weit ist es von Prag nach Theresienstadt?" fragt Herbert

„Mit dem Auto etwa eine Stunde."

„Dann fahren wir gleich, ich war ja noch nicht dort."

„Richtung Flughafen und dann geht es über Landstraßen in den Tschechischen Garten."

„Welcher tschechische Garten?" Herbert will das genauer wissen.

„Das Gebiet nennt sich so wegen der günstigen Lage für den Obstanbau. Vielleicht sind die Aprikosen schon reif."

„Die kegelförmigen Berge am nördlichen Horizont sind nicht Vulkane, sondern der harte Basaltkern des Inneren der Vulkane."

Dreharbeiten zu einem Film über die Hitlerzeit (Foto: Herbert Pöhnl)

„Irgendwie sehen die Hügel „asiatisch“ aus.“

„Wir sind bald in Leitmeritz, der alten Bischofsstadt,“ Herbert deutet auf das Straßenschild.

„Aber kurz vorher liegt Theresienstadt, eine alte österreichische Militärgarnison.“

„Und mit einem alten Militärgefängnis.“

„Die ‚Kleine Festung‘. Den Österreichern diente sie ursprünglich, dann war es ein Gefängnis für die tschechoslowakische Armee, nach 1939 übernahmen die Nazis das Objekt. Theresienstadt war noch eine mehr oder weniger normale Garnisonsstadt.“

„Wann wurden die Einwohner ausgesiedelt?“

„Ab 1940 wurde die ganze Stadt geräumt, um ein riesiges Auffanglager zu errichten.“

„Das Ghetto oder auch Konzentrationslager.“

„Es hieß: ‚Der Führer schenkt den Juden eine Stadt.‘ Sozusagen einen Ort der Ruhe und zum Altwerden.“

„Wurde nicht auch noch für das Internationale Rote Kreuz ein Film gedreht?“

„Das war alles nur Schau und Lüge. Aber die Delegation ließ sich sehr leicht täuschen.“

Gedreht wurde auch vom Rathaus runter zum Hauptplatz.

Wir dürfen heute noch aus diesem Fenster schauen.

Da wir noch Zeit haben, fahren wir zunächst zur nahen ‚Kleinen Festung.‘ Ein riesiger Friedhof und am Tor ‚Arbeit macht frei‘ .

Am Eingang der Gedenkstätte werden wir gefragt, ob wir eine Führung möchten. Edmund war schon mehrmals hier. Auf unsere tschechische Antwort entgegnet der Führer in böhmisch/bayerischem Dialekt. So sind wir ins Gespräch gekommen. Er heißt Friedrich Berger und wir sind gleich beim Du:

„Wie kommt es, dass Du so gut Deutsch sprichst?“

„Mein Großvater war Deutscher, Großmutter Tschechin. Meine Mutter sprach kein Tschechisch. Ich war mit einer Deutschen verheiratet und wohnte und arbeitete ab 1990 in München bei der Deutschen Bundesbahn.“

„Wo bist Du aufgewachsen?“

„Hier in Leitmeritz wurde ich geboren und bin zur Schule gegangen.“

„War es nicht ein großer Unterschied – hier die alte, schöne Stadt an der Elbe und gleich nebenan Theresienstadt?“

„Theresienstadt hat mich eigentlich nicht interessiert. Als Kinder suchten wir die Abenteuer in den nahen gesprengten Nazistollen, wo Raketenteile hergestellt wurden.“

Kleine Festung Theresienstadt, zuerst Militärgarnison, dann Sammellager, in der Nazizeit ein gefürchtetes KZ und heute wichtige Gedenkstätte (Fotos: Herbert Pöhnl)

Theresienstadt – eine alte österreichische Garnisonsstadt wurde während des Krieges zum Sammellager (Ghetto) für Juden aus ganz Europa

Friedrich Berger führt im böhmisch/bayerischem Dialekt durch die Kleine Festung Theresienstadt (Foto: Herbert Pöhnl)

„Du meinst die sogenannte Anlage ‚Richard'".

„Ja, unzählige Zwangsarbeiter verloren dort ihr Leben."

„Und beruflich?"

„Ich war seit 1963 bei der Tschechischen Staatsbahn und 1990 konnte ich bei der Deutschen Bundesbahn anfangen."

„Wie hast Du die ‚Samtene Revolution' erlebt?"

„Ich hatte schon einen Fuß in München und das Geschehen lief an mir vorbei."

„Wie kamst Du zu Deinem Job in der Kleinen Festung?"

„Ich habe einen Nebenverdienst zu meiner Rente gesucht."

„Du hast bestimmt schon viele Besucher geführt. Was sind Deine Erfahrungen?"

„Die Besucher haben verschiedene Gründe hier her zu kommen. Schulen kommen, weil es im Lehrplan steht. Andere suchen Spuren von Vorfahren und Verwandten.

Einige sind hier, weil sie mit eigenen Augen sehen wollen, worüber sie vielleicht gehört oder gelesen haben."

„Wie könnte man Deiner Meinung nach die traurige Geschichte von Theresienstadt und der Kleinen Festung vermitteln."

„Vor allem bei jungen Menschen kommt es darauf an, dass man sie in der Schule gut vorbereitet, objektiv informiert und keinen Fall nur einen Ausflugstag in die Vergangenheit unternimmt. Auch die Nacharbeit in Form von Projekten ist sehr wichtig."

***

Die alte Garnisonsstadt ist militärisch exakt auf dem Reißbrett rechtwinklig geplant und aufgebaut. Seit Maria Theresias Zeiten immer als Garnison genutzt, mit der außerhalb liegenden Kleinen Festung als Militärgefängnis. Die Attentäter von 1914 verbrachten zum Beispiel hier ihre letzten Tage in den Kasematten. Ab 1942 transportierte man mit Viehwaggons die jüdische tschechische Bevölkerung hierher, später die jüdische Bevölkerung der überfallenen und eroberten Länder. Zeitgleich bauten die Nazis die Vernichtungslager in Polen auf. So gingen wöchentlich die gefürchteten Transporte per Reichsbahn von über 1000 Personen in die Selektion und meistens gleich in die Gaskammern. Der industrielle, effektive Genozid hatte begonnen, am Laufen gehalten von Hunderttausenden von Wissenden, von Eisenbahnern, Verwaltungsbeamten, Schreibkräften, von Wächtern bis zu Ärzten, Rassehygienikern, Parteifunktionären und Nutznießern der kostenlosen Arbeitssklaven.

Das Militärgefängnis „Kleine Festung" leitete die SS bzw. die Gestapo. Es wurden noch größere Massenzellen gebaut um die im Laufe des Krieges meist „prominenten" politischen Gegner aus allen eroberten

Ländern aufzunehmen. Folter und Hinrichtungen gehörten zum Alltag. Die Überlebenschancen waren äußerst gering.

Auf Vermittlung des Ministeriums für ländliche Entwicklung werden wir im Rathaus des Städtchens Terezin erwartet.

Gerne öffnet man uns das Fenster, aus dem Teile des Propagandafilmes ‚Der Führer schenkt den Juden eine Stadt' gedreht wurden. Ich denke an all die Szenen, wo Kioske, Geschäfte aufgebaut waren, wo Fußball gespielt wurde und eine Normalität nur für ein paar Stunden vorgegaukelt wurde.

Bürgermeisterin Hana Rožcová

Bürgermeisterin Hana Rožcová sieht die Zukunft Terezins in einem Campus für internationale Studenten, weitere Betriebsansiedlungen und einem Museum für österreichische Kriegsgeschichte.

Das Städtchen mit seinen 2000 Einwohnern ist aber mit seinem baulichen Erbe überfordert. Es drohen Gebäude der Gedenkstätte, wie die sogenannte Dresdner Kaserne, zu verfallen. Es kommen zwar 300.000 Besucher jährlich hierher, doch aus eigener Kraft schafft es die Kommune nicht.

„Würde man den Status eines UNESCO Weltkulturerbes erlangen, dann sähe die Sache anders aus", sagt sie zu uns hoffnungsvoll zum Abschied.

Bürgermeisterin Hana Rožcová hofft auf Unterstützuzimg der UNESCO (Foto: Herbert Pöhnl)

Nymburk

Bohumil Hrabal

Die Elbe aufwärts erreichen wir nach einer Stunde Fahrt Nymburk.

Eine Stadt mit historischen Wurzeln, heute 15.000 Einwohner, liegt etwa 30 km nordöstlich von Prag. Eigentlich nichts Besonderes in Böhmen, wenn nicht – genau, und deshalb machen wir uns auf - Bohumil Hrabal Kindheit, Jugend und sogar einen Teil seines Alters hier verbracht hätte.

Groß geworden im Milieu einer Brauerei, schildert er später in seinen Werken die verschiedenen Charaktere, Freunde und Verwandte, die ihn in seinem Leben begleitet haben.

Die Brauerei liegt vom Zentrum aus am anderen Elbufer. Eine Fußgängerbrücke bringt uns zunächst zu einer Siedlung, wobei an einem

Die Brauerei in Nymburk

Bohumil Hrabal: „Ich möchte überhaupt keine Tafel, aber falls doch, nur auf einer Höhe, wo Hunde hinpinkeln.“ (Fotos: Edmund Stern)

Gartenzaun schon zu lesen ist, dass hier die Familie Hrabal wohnte. Das fünf Minuten Gehzeit entfernte Brauhaus schmückt ein Logo „Postřižinské Pivo". Warum dieser, besonders für deutsche Zungen unaussprechliche Name für das Bier der Nymburger Brauerei? Hat das etwas mit Hrabal zu tun?

Ein Prosaband von Hrabal heißt Postřižiny (vielleicht auf Deutsch übersetzt ‚kurz geschnitten').

Roman und Film spielen in der Zeit der 1. Republik in einer Brauerei. Die Hauptdarstellerin gibt ihre langen Haare auf, im Zuge der Modernisierung, auch der Emanzipation. Gedreht wurde in Nymburk und im mährischen Dalešice mit dem Regisseur Jiři Menzl. So erklärt sich die Werbung der beiden Brauereien. Natürlich zieren das Konterfei von Hrabal bzw. von Filmszenen die entsprechenden Flaschenetiketten.

Es soll aber auch im Brauereihof eine besondere Gedenktafel für den Schriftsteller angebracht sein. Ein freundlicher Bierfahrer bemerkt unsere Suche und zeigt uns den Platz. Wirklich, ganz unauffällig, eher in einer Nische relativ unten, sehen wir sie. Seinem Wunsch wurde 1997 entsprochen:

„Ich möchte überhaupt keine Tafel, aber falls doch, nur auf einer Höhe, wo Hunde hinpinkeln."

Der „hölzerne" Katzen-Liebhaber sitzt nur im Sommerhalbjahr am Nymburger Stadtplatz (Foto: Edmund Stern)

Greenpeace Tschechische Republik

Vielen jungen Menschen begegnen wir auf unseren Fahrten. Sie sind meistens zu Fuß mit Rucksack oder mit dem Rad in der Natur unterwegs. Die tschechischen Nationalparke bieten ein Netz von Übernachtungsmöglichkeiten an, das auch gut genutzt wird. Auf einer Bank in der Abendsonne haben wir Michaela, genannt Miša und ihren Freund Jakub kennen gelernt:

„Euch Pragern scheint der Wald und die Natur sehr gut zu gefallen?"

„Wir verbringen gerne die Wochenenden hier. Mit dem Zug dauert es zwar etwas, aber wir haben Zeit."

„Die Inversion mit der schlechten Luft vertreibt euch aus der Stadt."

„Genau, diese warmen Herbsttage wie gerade heute, genießen wir sehr. Wir haben auch Schlafsäcke dabei."

Jakub arbeitet als IT-Experte und seine Freundin fragen wir natürlich auch nach ihrem Beruf. So wird aus einer Begegnung bei einer Brotzeit ein längeres Gespräch, wobei Miša gerne und engagiert erzählt:

„Ein Teil meiner Großeltern wünschte, dass ich Anwältin werde, der zweite Teil hätte mich gerne als Lehrerin gesehen. So habe ich den Wunsch beider Großeltern erfüllt. Ich beendete ein Studium an der Juristischen Fakultät der Karls Universität, wo mich das Thema ‚Streetlaw' zum Aufbaustudium für das Lehramt an Sekundarschulen ermunterte. Nach einer kurzen Tätigkeit als Anwältin bekam ich ein Jobangebot bei der Organisation ‚Greenpeace Tschechische Republik'. Meine Aufgabe ist es, das Bildungsprogramm „Greenspeakers" zu erstellen und umzusetzen. Dabei arbeite ich mit verschiedenen pädagogischen Programmen, wähle die Dozenten aus und leite Workshops.

Manchmal denke ich nach und suche nach dem Auslöser, der mich zu einem nachhaltigen Lebensstil geführt hat. Zweifellos hatte bei Johnsons Buch „A Waste-Free Household" einen großen Einfluss. Ich habe mich in den ganzen „No Waste" Lebensstil verliebt. Während meines Studienaufenthaltes im Rahmen von Erasmus in Oslo Norwegen habe ich das ganze Konzept extrem gelebt. An Stelle der klassischen Fastenzeit vor Ostern habe ich mir den kompletten Verzicht auf Plastik zum Ziel genommen. Über einen Monat habe ich keine in Plastik verpackten Lebensmittel mehr gekauft. Ich habe festgestellt, dass der Mensch sehr anpassungsfähig ist und dass nur etwas anfängliche Begeisterung genügt und mit ein wenig Willen kann man seinen Lebensstil wirklich ändern. Dieses Experiment war aber für meinen Alltag, wieder zurück in Prag, zu extrem: Immer einige Tage im Voraus zu denken, was man essen soll, immer idealerweise die Trage mit den Behältern mitzunehmen und vorbereitet zu sein vor der Verkäuferin seine Stofftasche heraus zu ziehen. Aber ich habe daraus gelernt, dass man mit kleinen Schritten anfangen muss, wenn man etwas in seinem Leben ändern will. Man braucht ein Ziel, das einen zwar herausfordert, aber das dir trotzdem immer Freude macht. Und genau das sagen wir in den Workshops den Schülerinnen und Schülern der Volks- und Oberschulen in ganz Tschechien:

„Du wirst die Welt allein nicht verändern."

Ziel unseres Workshops ist die positive Motivation der Schülerinnen und Schüler, dass sie den Weg zu einem nachhaltigen Leben beschreiten. Ich bin immer überrascht, wie viele tolle Einfälle junge Menschen haben und sie verstehen nicht, wieso einfache Dinge wie die Trennung von Biomüll immer noch nicht in Tschechien funktioniert. Es ist klar, dass eine Änderung des Lebensstils ohne politische Unterstützung und geeignete Maßnahmen nicht ausreicht. Ein nachhaltiges Leben zu beginnen ist aber überhaupt nicht schwierig."

Miša und Jakub (Foto: Edmund Stern)

Als die engagierte Umweltschützerin geendet hat, schaue ich schnell nach, ob viel Plastikverpackung bei uns übrig ist: Die Bananenschale ist kompostierbar, die Leberkassemmeln waren in einer Papiertüte und die leere Bierflasche wird etliche Dutzend Male wieder gefüllt werden. Vielleicht deswegen dürfen wir die Beiden demnächst in Prag besuchen und auch weitere Fotos machen.

Tschechische Besonderheiten – PF Bier

Unsere tschechischen Freunde sind oft überrascht, dass wir in Deutschland oft nicht wissen, dass es in Tschechien nur 5 Notenstufen in der Schule gibt. Noch überraschter sind sie, dass wir keine „**PF**" Wünsche verschicken.

Aber nun lüften wir das Geheimnis dieser zwei Buchstaben:

So soll ein Adeliger im damaligen Böhmen, in der Zeit, wo Französisch in gehobenen Kreisen gesprochen wurde, diese Abkürzung in Umlauf gebracht haben.

‚Pour Féliciter' als Glückwunschkarte, auch zum neuen Jahr. Schöpfer dieser Karten waren oft bildende Künstler, die mit verschiedenen grafischen Techniken arbeiteten. Heute werden meistens Glückwünsche per Computer hergestellt und auch im Internet versandt.

Da aber nicht einmal in Frankreich Neujahrswünsche mit PF ausgedruckt werden, handelt es sich hier um eine echte tschechische Eigenheit.

Was den Bierkonsum betrifft, spielt Tschechien ganz vorne in der Bierliga.

Neben den modernen Craft-Bieren und einigen Spezialsorten teilt man traditionell den Gerstensaft in 10er bzw. 12er Bier. Keine Angst, hier handelt es sich nicht um den Alkoholgehalt in Prozent. Es geht um die Stammwürze, die in Grad angegeben wird und umgerechnet nicht einmal die Hälfte des entsprechenden Alkohols ausmacht. Aber ist man motorisiert oder mit dem Fahrrad unterwegs gilt striktes Alkoholverbot.

Ebenso muss man volljährig sein, um mit Bier oder Wein anzustoßen.

In Tschechien legt man großen Wert auf eine ordentliche Schaumblume. Gäste, die es eilig haben, verlangen einen „Schnitt", die es noch eiliger haben eine „Milch" vom Schankkellner.

Der „šnit" besteht aus halb Bier und halb Schaum, die „mléko" fast nur aus Schaum. Angestoßen wird mit „na zdraví" „Auf die Gesundheit", sitzen Touristen am Tisch manchmal zum Spaß mit „nádraží". Das bedeutet „Bahnhof".

Um den 24. Dezember und schon Tage vorher ist ein mehrheitlich konfessionsloses Land im Ausnahmezustand. Es werden Geschenke für die Lieben gekauft und gebastelt, Karpfen oder Geflügel vorbereitet, Plätzchen gebacken. Weihnachtsbäume und Weihnachtsmärkte dominieren die Marktplätze. Die Kirchen sind zu Weihnachten so voll wie sonst nie und man genießt die Hirtenmesse von Jakub Jan Ryba, einem Zeitgenossen von Mozart. Man singt die international bekannten Weihnachtslieder, aber leidenschaftlicher die tschechischen traditionellen „koledy".

Die Weihnachtskrippen werden „betlém" genannt.

Wir verabschieden uns wieder einmal von dieser lebendigen und zugleich historischen Stadt, in der beide Nationen ihre großen Spuren

hinterlassen haben, die Baumeister, die bildenden Künstler, die Musiker und Literaten.

Es warten zahllose Bauwerke, Museen und Galerien auf interessierte Besucher aus der ganzen Welt. Zum Beispiel das Nationalmuseum, das Technische Museum, das Militärmuseum, das Luftfahrtmuseum in Kbely, ein modernes Kunstmuseum „DOX“ in Holešovice etc. etc..

Petr Uban und Pivrnec wünschen alles Gute (Repro Edmund Stern)

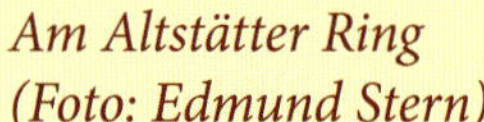

Am Altstätter Ring (Foto: Edmund Stern)

Kunstmuseum „DOX“ in Holešovice (Foto: Edmund Stern)

Das Luftfahrtmuseum in Kbely (Foto: Edmund Stern)

08551
19218
SECURITY
SECURITY

Die mobilen Teststationen an der Grenze waren wichtig auch für Berufspendler. Bürgermeister Michael Herzog ging mit gutem Beispiel voran. (Foto: Herbert Pöhnl)

Kapitel 7

Eingliederungsklasse, Corona ...

Zwiesel

Ein Leuchtturm-Projekt

Der damalige Schulleiter am Gymnasium Zwiesel, Heribert Strunz, konnte 2017 ein einmaliges Projekt realisieren:

Er bekam die ministerielle Genehmigung eine ganze Klasse mit tschechischen Schülerinnen und Schülern in drei Jahren zum bayerischen Abitur zu führen. Das sollte in drei Stufen durchgeführt werden: Die tschechische Seite (Schulleitungen, Schulaufsicht) werben für diese Möglichkeit und melden Kandidatinnen und Kandidaten, die zunächst in Zwiesel eine Aufnahmeprüfung machen müssen. Dann wird zum Schuljahresanfang eine sogenannte Eingliederungsklasse gebildet. Die tschechischen Schüler bleiben in einer Klasse und haben zusätzlich intensiv Deutschunterricht. Nach einem Jahr gehen die tschechischen Mädchen und Jungen in normale Gymnasialklassen und werden je nach Wahlfach mit deutschen Schülern bis zum Abitur unterrichtet. Gasteltern nehmen die Schülerinnen und Schüler drei Jahre lang auf. Ein echtes „Leuchtturm-Projekt".

Lassen wir den Klassensprecher Martin Hoang berichten:

Als wäre es gestern gewesen

Im Jahr 2017 trafen sich am 12. September um 7.45 Uhr 17 sorgfältig ausgewählte Schülerinnen und Schüler aus Westböhmen im Gymnasium der Miniaturstadt Zwiesel. Es war eigentlich eine Expedition ins Unbekannte. Die Teilnehmer hatten noch keine Ahnung, was in den nächsten drei Jahren auf sie zukommen würde. Unsere Anführerin Studienrätin Jana Aschenbrenner, wir nannten sie „maminka" (Mutti), sah in uns aber ein enormes Potenzial.

Wenn ich als ehemaliger Klassensprecher auf die Vergangenheit zurückblicke, war meine verbrachte Zeit hier in Bayern charmant und gleichzeitig voller Leiden.

Natürlich fehlte eine anfängliche Naivität nicht. Das erste Jahr war ein klassischer Start in eine neue Umgebung. Die deutschen Lehrer haben versucht, uns angemessen auf ein wirklich grausames Leben vorzubereiten, damit wir mit dem richtigen Schliff in die Oberstufe eintreten

Die sogenannte Eingliederungsklasse im Herbst 2017 (Foto: Edmund Stern)

könnten. Nach zwei Monaten in 10E, unserer tschechischen Klasse neben anderen deutschen Klassen, lernte die überwiegende Mehrheit der Gruppe die Komplexität und Besonderheiten der deutschen Sprache vollständig zu verstehen. Wir haben uns auch alle näher kennengelernt und neue Freundschaften geschlossen, die wahrscheinlich ein Leben lang halten werden.

Das zweite Jahr war für viele ein Umbruch, wir entdeckten die erheblichen Schwierigkeiten der deutschen/bayerischen Oberstufe. Die gymnasiale Schulleitung löste unsere geliebte 10E auf, um uns mit anderen deutschen Schülern zu „verschmelzen". Leider mussten einige unserer tschechischen Mitschüler in diesem Jahr aus persönlichen oder akademischen Gründen ihren Weg zum „Bayerischen Abitur" aufgeben. Mein erster Gedanke, der mir in den Sinn kommt, wenn ich an diese zwei Jahre denke, sind all die „gemeinschaftlichen Momente von Abend bis in die Nacht", die fröhlich stattfanden, denn unsere bevorzugten sozialen Begegnungen waren sehr laut.

Dann näherte sich der Höhepunkt und das letzte Jahr kam, die sogenannte Q12. Die neun Überlebenden waren noch nicht aus der blutrünstigen Expedition ausgestiegen und bereiteten sich langsam aber sicher auf ihre letzte Schlacht vor. Es war das Jahr, in dem ich persönlich am meisten lebenswichtige Erfahrungen sammelte und lernte, dass Disziplin und ein gutes Time-Management einem erheblich helfen können. Dazu ist zu allen möglichen Problemen auch noch eine zweimonatige Quarantäne eingetreten (Coronavirus-Pandemie 2020). Am Ende besiegten jedoch alle trotz aller Hindernisse das deutsche, besser bayerische System und brachten mutig ihren „Herzlichen Glückwunsch zum bestandenen Abitur" ins Ziel. Es war manchmal eine wirklich endlose Reise, aber alles hat einmal ein Ende.

Die drei Jahre vergingen schnell und während dieser Zeit hatte ich die Gelegenheit, neue Erfahrungen, nützliches sowie unnötiges Wissen zu sammeln und vor allem die Ehre, großartige Menschen und verschiedene Kulturen kennenzulernen. Diese Einheit verursachte eine starke Bindung untereinander, und einige Menschen entdeckten hier sogar ihre Seelenverwandten. Die bayerischen „Mitmenschen" kamen immer sehr höflich auf uns zu und versuchten, unsere Reise mit brillanten Hilfsmitteln wie Weißbier oder Grenzlandfest zu erleichtern. Wir bekamen die Gelegenheit, uns voll in ihre Kultur zu integrieren, und als Gegenleistung für ihre Freundlichkeit konsumierten wir mit ihnen bestimmte Getränke voller Freude und genossen wundervolle bayerische Momente. Abschließend möchte ich von ganzem Herzen danken:

Allen Personen die an diesem Projekt teil nahmen, der Schulleitung und den Lehrern für ihre hilfreiche Weisheiten, den bayerischen Klassenkameraden, die uns die Schönheit der bayerischen Kultur zeigten, und Frau Aschenbrenner, ohne die die Expedition auch gar nicht möglich

Sommer 2022
Die tschechischen Abiturienten mit den stolzen Eltern (Foto: Edmund Stern)

gewesen wäre. Danke nochmals für ihre unendliche Hilfsbereitschaft, auch in den schwierigsten Momenten und für alles, was sie für uns getan hat.

Es war mir eine Ehre, Teil dieser Gemeinschaft zu sein."

COVID 19

Schreckensmeldungen in den Medien über eine Bedrohung durch ein neues Virus aus China bestimmten plötzlich die Medien. Es gab bereits viele Todesopfer, vor allem bei Alten und Geschwächten. Eine tödliche Infektionskrankheit breitete sich auf der ganzen Welt auf. Experten warnten, verstärkt wurde die Angst der Bevölkerung durch das Fehlen einer Schutzimpfung und den Mangel an Masken.

Was an der Grenze in Bayerisch Eisenstein, und nicht nur dort passierte, kann man vielleicht mit unkoordinierter nationaler Vorgehensweise beschreiben. Alten Reflexen folgend wurde von tschechischer Seite die Grenze über Nacht dicht gemacht. Militär-, oder Polizeikräfte wurden von weit her herangeholt und ersetzten lokale Beamte. Bis zu sechs bewaffnete Uniformierte bildeten also einen festen Damm gegen das Virus. Denn bis 1990 war ja die tschechoslowakische Westgrenze „der feste Damm des Sozialismus und des Friedens".

Grenzblockade und einige Zeit später „Einreise nur mit negativem Corona-Test" (Fotos oben und Mitte: Herbert Pöhnl; unten Edmund Stern)

Zumindest durften wir die Grenzwächterinnen und die Grenzwächter im Niemandsland besuchen und mit ihnen sprechen. Eine Weiterfahrt wurde uns auf alle Fälle nicht erlaubt. So blieb es bei unserem Ritual Bier gegen – ja was gaben uns die freundlichen Grenzer? Aus ihrem Brotzeitvorrat bekamen wir zwei Eisbecher!

An „unserem“ Grenzbahnhof, auch „Europabahnhof“ oder „Schengenbahnhof“ war wieder die Grenze aufgetaucht, zwar nicht so brutal wie vor über 30 Jahren, doch abweisend, trennend!

Wie und wann dürfen wir wieder zu unseren Freunden und Bekannten? Wie geht es weiter mit unserem Projekt? Geht das alles gut aus? Fragen, die uns quälten.

Der alte Schwung war auf alle Fälle mal hin.

Wir trauerten der großen Freiheit nach. Der Schengen-Raum! Das bedeutete für uns, Teile von Bayern, Tschechien und Österreich immer mehr als eine Region zu sehen, mit allen Chancen für die Zukunft.

Zum Glück kam dann alles nicht so schlimm, Masken, Impfungen, Tests und Versammlungsverbote waren sehr hilfreich.

Problematisch waren aber die zu restriktiven Maßnahmen gegenüber Kindern und Heranwachsenden! Es schien leider auch keine Absprache mit den Nachbarländern zu geben. Nur so kann man sich die anfängliche Planlosigkeit erklären. Später gab es in Tschechien schon wieder Volksfeste, zur gleichen Zeit herrschte in Bayern noch Maskenpflicht.

Diese Zwangspause bedeutete das Ende der „echten“ Begegnungen. Wir hatten deshalb viel Zeit, inne zu halten und mit der Rückschau zu beginnen. Es war immer unser Plan, diese Jahre in einem Buch fest zu halten. Herbert, der Fotograf, sollte es mit Bildern dokumentieren. Nach und nach stellte sich heraus, dass wir uns mit über hundert Menschen trafen, mit denen einen oder mehrere Kaffee(s) oder Biere zusammen getrunken haben, dabei fragten, zuhörten oder auch nur Anteil genommen

haben. In diesem Buch konnten wir aus Platzgründen nur etwa fünfzig Personen näher vorstellen. Die Auswahl ist uns sehr schwer gefallen.

Zwei Personen dürfen wir aber nicht vergessen. Beide ausgebildete Lehrer, beide haben seit ihrer Jugend Interesse an den jeweiligen Nachbarn.

Josef Šiler

Der eine, Josef Šiler aus Klatovy, darf einmal sogar als aktiver Skirennläufer ins kapitalistische Ausland reisen. 1968 verlässt der junge Lehrer in der Zeit des „Prager Frühlings" Eltern, Schwester und Freundin und macht sich nach München auf. Dort gefällt es ihm so gut, dass er ein ganzes Jahr bleibt, Deutsch lernt und sich als Kellner durch schlägt. Aus persönlichen Gründen kehrt er zurück. Seine Karriere im Schuldienst ist damit zu Ende. Er bekommt Berufsverbot und arbeitet in der Landwirtschaft.

Nach der „Samtenen Revolution" 1989 wird Josef rehabilitiert und als Schulinspektor eingestellt. Er gibt dann an mehreren bayerischen Schulen Tschechischunterricht.

Josef Šiler (Foto: Edmund Stern)

Josef fährt noch jetzt regelmäßig nach Zwiesel um das bayerische Weißbier, seine Medizin wie er sagt, das anfangs in Tschechien fast nicht gebraut und auch unbekannt war, zu holen.

Josef Šiler erzählt:

„Zwei Jahreszahlen haben mein Leben nachhaltig bestimmt: 1968 und 1989. Vom Frühjahr 68 an herrschte in meiner Heimat vor allem unter jungen Leuten eine hoffnungsvolle, positive Stimmung. Wir orientierten uns am Westen: Lange Haare, Beat-Musik von Radio Free Europe verbunden mit dem Wunsch nach mehr Demokratie.

Vielleicht gelingt dem Reformkommunisten Alexander Dubček die Wende? So hofften wir.

Ich als junger Lehrer verdiente mir in den Ferien etwas dazu – als Kellner in Pilsen. Als am 21. August dann in Prag die russischen Panzer rollten, waren meine Freunde und ich entsetzt. Wie schon 1945 im Mai riefen die freien Radiosender in Prag und Pilsen um Hilfe. Doch zum Glück blieb es bei uns „Bewachern" des Rundfunks in Pilsen ruhig, in Prag hingegen verloren junge Leute ihr Leben.

Nach drei Tagen war unser Traum zu Ende. Die Sowjetunion sah diese Reformbewegung als Konterrevolution an und das, was als „Normalisierung" folgte, war die gewohnte kommunistische

Repression. Zwei Kameraden und mir gelang dann die Flucht nach Bayern. Behördenmäßig wurden wir in der Bundesrepublik sehr anständig behandelt, und unser Trio fand Arbeit in München. Aus persönlichen Gründen kehrte ich nach acht Monaten zurück nach Klatovy. Was folgte, war das Übliche: Berufsverbot und eine Arbeit in der Landwirtschaft.

Aber jetzt zu etwas Erfreulichem: 1989, nach der sogenannten „Samtenen Revolution“ wurde ich rehabilitiert, stieg zum Schulinspektor auf. Dann unterrichtete ich an mehreren Schulen in Bayern Tschechisch und bis zu meiner Pensionierung leitete ich ein Behindertenheim bei Nýrsko.

Auch wenn es für mich manchmal so aussieht, als wenn mein Land die Demokratie erst lernen müsste, sind die durchlässige Grenze, das Schengen-Abkommen, die Mitgliedschaft in EU und Nato Errungenschaften, von denen wir geträumt haben und die Wirklichkeit wurden. Hoffentlich schätzt das auch die junge Generation so und ist bereit, sich für Freiheit und Demokratie ein zu setzen.“

Oskar „Ossi" Heindl

Der andere Ossi Heindl aus Zwiesel kann schon im Teenager-Alter Besuche in der damaligen Tschechoslowakei machen, schließt Freundschaften, organisiert Tennis Camps im sozialistischen Nachbarland, gibt sogar später in Vodňany Deutschunterricht. In Bayern wird er Schulleiter, bleibt weiter interessiert am östlichen Nachbarn, wird nach der Wende unter anderem aktiver Viktoria Pilsen Fan.

Ossi schreibt seit einiger Zeit erfolgreich Krimis, die im bayerisch-böhmischen Grenzgebiet handeln, wobei auch ein Band bereits in tschechischer Sprache erschienen ist. Dazu passt, dass er im Klostermann Verein als Vorsitzender aktiv ist. Karl Klostermann, ein Schriftsteller, der sowohl tschechisch-sprachige als auch deutsch-sprachige Menschen gleich schätzte und damit der Zeit weit voraus war.

Was für Josef das Weizenbier, ist für Ossi die „Dršťková" – die pikante Kuttelflecksuppe.

Ossi Heindl (Foto: Edmund Stern)

Ossi Heindl erzählt:

„Schon in meiner Jugend – und das ist lang her – war ich neugierig auf das, was hinter den Vorhängen steckte, nicht nur hinter dem, der die Speisekammer verdeckte, sondern bald auch hinter dem Eisernen.

Die Geschichten, die man uns Kindern von drüben erzählte, waren schauerlich: Die Schrecken des Krieges und der Vertreibung waren noch überall präsent und den Tschechen war, schon lange vor dem Krieg, die Rolle der Bösen zugewiesen worden.

Jeder kannte einen Vertriebenen und lauschte dessen Erzählungen von Raub und Mord.

Keine guten Vorzeichen! Die Angst war geschürt.

Aber die Neugierde war größer.

Schon mit 16 machte ich, bei einer Reise des Bezirksjugendrings den ersten und mit knappen 18 dann, nach einem Arbeitseinsatz auf einem südböhmischen Soldatenfriedhof, den zweiten Versuch.

Und da hat es den Hebel umgelegt bei mir. An einem Abend, der eigentlich ein bierseliger hätte werden sollen und deshalb im legendären Prager Brauhaus „U Fleků" begann, der aber in einer Massendemonstration der Tschechen für die Freiheit von sowjetischer Unterdrückung am Altstädter Rathausplatz endete, im denkwürdigen August 68, zwei Tage vor der Invasion durch die kommunistischen „Bruderstaaten":

Da schlug die Neugierde um in Zuneigung. Zu einem Volk, das damals seinen Weg suchte, weg von der sozialistischen Zwangsherrschaft hin in die Freiheit, von der die Tschechen und Slowaken ein kleines Stück erschnuppern durften, bevor sie ihnen mit der Brachialgewalt sowjetischer Panzer für lange Zeit wieder genommen wurde.

Aus der Zuneigung zu diesem Volk, unseren damals totgeschwiegenen und heute noch vernachlässigten Nachbarn ist Freundschaft entstanden. Eigentlich muss ich besser sagen: Sind Freundschaften entstanden.

Sportlerfreundschaften zunächst, die auch über den Eisernen Vorhang hinweg geduldet waren: Tennis, Fußball, Skifahren. Noch an der Oberfläche.

Nach und nach aber haben sich auch intensivere Kontakte eingestellt:

- Kontakte mit dem Jiri in Pilsen, bei dem ich mittlerweile zum engeren Familienkreis gehöre und dem ich Sachen erzählen kann, die ich in Bayern meinen besten Freunden verschweige. Heute druckt der Georg, der eigentlich von Beruf Zahnarzt war, meine Krimis in seiner Druckerei und ich verlasse mich so fest auf ihn, wie ich mich damals auf ihn verlassen konnte, als es noch ein Risiko war, ein seltenes Medikament für ein kleines Kind über die Grenze zu schmuggeln.

  „Heute von 15 Uhr bis 16 Uhr kommst du durch. Ohne Kontrollä!"

Ich bin dank Jiris Freundschaft zu einem Zöllner durchgekommen, das Kind ist dank des Medikaments auch durchgekommen und wir sind uns um den Hals gefallen.

- Kontakte mit meinen Freunden in Vodňany. Wir besuchen uns regelmäßig zwei-, drei Mal im Jahr, und es ist, selbst wenn ich sie ein halbes Jahr nicht gesehen habe, immer so, als ob wir uns am Tag vorher erst voneinander verabschiedet hätten, als ob wir die Gespräche von gestern sofort wieder aufnehmen würden.

Auch den Tod haben wir miterlebt, und die Trauer hat uns nur noch mehr zusammengebracht.

Was ich mir wünschte?

Dass mehr, viel mehr, sehr viel mehr Menschen bei uns neugierig werden würden auf dieses wunderschöne, landschaftlich und kulturell unglaublich vielfältige Land und auf dessen häufig originellen, sehr oft liebenswerten und fast immer interessanten Bewohner.

Haben Sie den doppelten Konjunktiv herausgelesen?

Weil man an seinen Wünschen auch arbeiten sollte, bin ich seit einigen Jahren der Vorsitzende der bayerischen Sektion des grenzübergreifenden Karl Klostermann Vereins, schreibe jedes Jahr einen sehr grenzübergreifenden „Böhmerwaldkrimi" und teste regelmäßig den Wohlgeschmack der tschechischen wie der bayerischen Biere.

Na Zdraví – zum Wohl!"

Danke

Es wird nun Zeit, uns bei all denen, die wir durchwegs als offene und ehrliche Menschen kennenlernen durften, herzlichst zu bedanken. Es war uns eine große Freude, so viel Freundlichkeit und gute Nachbarschaft erfahren zu dürfen, sei es nur für einen Moment oder auch für viel länger.

Leider haben wir im Laufe der Zeit auch Abschied nehmen müssen von uns lieb gewordenen, geschätzten Menschen, deren Fahrräder und Schi jetzt verlassen im Schuppen stehen, deren Leinwand weiß bleibt, deren hilfreiche Hände fehlen.

Aber dafür gibt es bei einigen jungen Familien mit Freude erwarteten Nachwuchs. Denen wünschen wir für ihre Zukunft, dass sie frei und selbstbestimmt aufwachsen können, sich stark machen für unsere westliche Demokratie in einem geeinten Europa und auch das Gespür entwickeln dürfen für das „was sich gehört“ und „nicht gehört“.

Besonders danken möchte ich Herrn Jürgen Dietrich für seine äußerst gewissenhafte Korrektur, Herrn Hans Schopf für die Geduld und Dr. Dieter Pfeffer mit Gattin und Elisabeth und Mark Pfeffer, ohne deren Gastfreundschaft und laufende Unterstützung dieses Buch so nicht erschienen wäre.

Edmund Stern

Literatur

Diese Liste von empfohlenen Büchern ist rein subjektiv erstellt. Sie ist weder vollständig noch in irgendeiner Form wertend. Details zu Autor, Titel oder Verlag ermitteln Sie bitte selbständig.

Autor	Titel
Ackermann Gemeinde	Die abgeschobene Geschichte
Jahuda Bacon	Solange wir leben, müssen wir uns entscheiden
Laurent Binet	HHhH
Hannelore Brenner-Wolschick	Das Mädchen von Zimmer 28
Tereza Brůchová	Bergsynagoge Hartmanitz
Adolf Burger	DesTeufels Werkstatt
Karel Čapek	Von einer Tasche in die andere
	Krieg mit den Molchen
	R.U.R.
Johann Amos Comenius/ Jan Amos Komensky	Das Labyrinth der Welt
Mario R. Dederichs	Heydrich
Robert Domes	Nebel im August
Robert Elmer	Wildflowers of Terezin
Europa Verlag Wien	Theresienstadt
Ota Filip	Cafe Slavia
	Die Sehnsucht nach Procida
Norbert Frei	Karrieren im Zwielicht
Ralph Giordano	Wenn Hitler den Krieg gewonnen hätte
	Die zweite Schuld
	Der perfekte Mord
Erich Hackl	Die Hochzeit von Auschwitz
Reinhard Haller	Einmal im Leben auf den Heiligen Berg
Jaroslav Hašek	Die Abenteuer des braven Soldaten Švejk
Ossi Heindl	Karl Klostermann und der Ameisenhaufen
Josef Holub	Der rote Nepomuk
Bohumil Hrabal	Ich dachte an die goldenen Zeiten
	Ich habe den englischen König bedient
	Hochzeiten im Hause
Jan Jírak	Klatovsko pod nacistickým utlakem
Philip Kerr	Böhmisches Blut
Pavel Kohn	Wie oft ist die dunkle Wolke über uns hinweg gezogen
Emil Kintzl	Der verlorene Böhmerwald
Pavel Kohn	Wie oft ist die dunkle Wolke über uns ……
Fantišek Křelina	Jeder trägt seine Last
Janiček/Kůbu	„Arisace" a arizátoři
Ernst Klee	Das Personenlexikon zum Dritten Reich
Ivan Klima	Ein Liebessommer
	Richter in eigener Sache
	Liebe und Müll
Marion Kleinberger	Transportnummer VIII/ 1387 hat überlebt
Pavel Kohout	Mein tolles Leben mit Hitler, Stalin und Havel
	Mein Lesebuch

	Meine Frau und ihr Mann
Milan Kundera	Der Scherz
	Die Unwissenheit
	Die unerträgliche Leichtigkeit des Seins
Josef Lada	Kater Mikesch
Jan Lakosil	Šumava 1938
Květa Legátová	Die Leute von Želary
	Der Mann aus Želary
Paul Leppin	Alt-Prager Spaziergänge
David Mairowitz& Crumb	Kafka
Gustav Meyrink	Golem
Libuše Moníková	Die Fassade
	Verklärte Nacht
	Treibeis
Matthew Monteith	Czech Eden
Jiři Mucha	Rückkehr nach Ninive
Aleš Palán	Raději zešílet v divočině
Gudrun Pausewang	Du darfst nicht schreien
Prokop/Marek/Čvančar	Vyhnání Čechů z pohraničí v roce 1938
Leo Perutz	Nachts unter der steinernen Brücke
	Der Meister des Jüngsten Tages
	Der schwedische Reiter
Vlastimil Artur Polak	Die Stadt der schwarzen Tore
Mirjam Pressler	Golem stiller Bruder
Helena Reich	Nasses Grab
Gilles Rozier	Eine Liebe ohne Widerstand
Jaroslav Rudiš	Winterbergs letzte Reise
	Die Stille in Prag
Samuel Salzborn	Grenzenlose Heimat
Wolfgang Schwarz	Mein Weg zu unseren Deutschen
Jaroslav Seifert	Alle Schönheiten der Welt
Jürgen Serke	Böhmische Dörfer
	Verbrannte Dichter
Martin Sichinger	Meyrs Glas
Rudolf Ströbinger	Schicksalsjahre ander Moldau
Suhrkamp Verlag	Prager Moderne
Pavel Šmejkal Jiři Padevět	Anthropoid Ein historischer Reiseführer
Gerold Tietz	Böhmisches Richtfest
	Böhmische Fuge
Jachým Topol	Die Schwester
	Die Teufelswerkstatt
Barry Turner	Die Rettung der Kinder
Miloš Urban	Mord in der Josefstadt
Monika Zgustová	Bohumil Hrabal

Edmund Stern

Rektor a.D., geboren 1948 in Zwiesel, seit 1990 aktiv in Sachen Schulpartnerschaften und grenzüberschreitender Zusammenarbeit auf verschiedenen Ebenen mit dem östlichen Nachbarn.

Edmund Stern
(Foto: privat)

Herbert Pöhnl

Herbert Pöhnl wurde 1948 geboren und lebt in Viechtach. Seit 1972 ist er als Fotograf tätig und beschäftigt sich künstlerisch mit seiner Heimat.

Herbert Pöhnl
(Autor: Roland Pongratz)

Umschlag hinten:
Impression
(7 Fotos von Edmund Stern, 1 Foto von Herbert Pöhnl)

(Fotos: Edmund Stern)

Nachwort des Verlegers

Edmund Stern lässt sich durch die schöne böhmische Landschaft treiben und entdeckt, sozusagen aus den Augenwinkeln, Besonderheiten, wie den merkwürdigen Gartenzaun aus Steintafeln, die sich bei genauerem Hinschauen und im Gespräch mit Anwohnern, als jüdische Grabsteine entpuppen.

Ich war schon oft in Prag und auch in der Altstadt bei der astronomischen Uhr. Wie alle anderen habe ich nach oben geschaut und fotografiert, die ins Pflaster eingelassenen Trittsteine, die an Jüdinnen und Juden erinnern, die in der Nazizeit ermordet wurden, habe ich nicht gesehen. Schande – beim nächsten Städtetrip werde ich das nachholen.

Der Autor hat einige Vorteile, die ihm überall die Türen öffnen: Er ist symphytisch und gleichzeitig bescheiden, er kennt die Geschichte Böhmens mit ihren Höhen und Tiefen, er kann gut zuhören und vor allem, er spricht fließend tschechisch.

Dadurch konnte er den Schüleraustausch mehrerer Schulklassen begleiten, so dass die jungen Leute viele bleibende Eindrücke vom Nachbarland gewinnen und Vorurteile abbauen konnten.

Unter Theresienstadt werden Sie daran erinnert, was überbordender Nationalismus und Hass für schlimme Auswirkungen haben. Wählen Sie demokratische Parteien und sorgen dadurch dafür, dass Nazis keine Oberhand mehr bekommen. Das hatten wir schon mal und brauchen es wirklich nicht wieder.

Ihnen als Leser stehen die meisten der im Buch genannten Türen offen, aber nicht alle und so können Sie beim Lesen den Spuren von Edmund Stern nachspüren. Das Buch kann auch als Anregung für Ausflüge nach Tschechien genutzt werden.

Edmund Stern und auch uns als Verlag ist die Völkerverständigung und das friedliche Miteinander wichtig.

Möge dieses Buch dazu beitragen.

Riedlhütte, 22.10.2024

Johann Schopf
Ohetaler-Verlag